나림 이병주
문학과 인문 클래식

세상 모든 것에 감탄하는
지혜로운 사람들의 공간
호밀밭

한국의 고전, 나림 이병주와 함께하는 인문 여행
나림 이병주 문학과 인문 클래식

ⓒ 2025, 조광수

초판 1쇄	2025년 12월 08일
지은이	조광수
편집	정진리
디자인	정의도 디자인붐
마케팅	최문섭
경영지원	김태희
펴낸이	장현정
펴낸곳	㈜호밀밭
등록	2008년 11월 12일(제338-2008-6호)
주소	부산광역시 수영구 연수로357번길 17-8
전화	051-751-8001
팩스	0505-510-4675
홈페이지	homilbooks.com
전자우편	homilbooks@naver.com
페이스북	facebook.com/homilbooks
인스타그램	@homilbooks
ISBN	979-11-6826-168-6 (03810)

※ 이 책 내용의 전부 또는 일부를 재사용하려면 반드시 저작권자와 출판사의 동의를 받아야 합니다.
※ 가격은 뒤표지에 표시되어 있습니다.

※ 이 책은 2025년 부산광역시, 부산문화재단 〈부산문화예술지원사업〉으로 지원을 받았습니다.

한국의 고전,
나림 이병주와 함께하는
인문 여행

나림 이병주
문학과 인문 클래식

조광수 지음

추천사

부산에서 이토록 뛰어난 작가에 의해 이처럼 훌륭한 책이 나왔으니 기쁘기 그지없다. 근래 어딘가 힘이 빠지고 쪼그라드는 분위기의 내 사랑 내 고장 부산에 엄청난 지적 활력과 다채 다양한 상상력을 안겨주는 걸작이다. 부산이 키운 불세출의 위대한 작가 나림 이병주 선생께서 남긴 대대손손의 유산을 작가 조광수는 후생가외의 기세로 재발굴하였다. 이병주는 한국문학만이 품기에는 너무도 큰 세계적 대문호이다. 백문이 불여일견이니 이 책을 읽기 시작하면 서서히 동감할 것이다.

작가 조광수는 스승 나림을 닮아, 생각의 폭은 광대무변이고, 문장의 빼어남은 일필휘지요, 내용의 정밀 명료는 엄동설한의 만월이다. 책에 실린 30여 편의 경쾌하면서도 묵직한 해설은 독서의 즐거움이 어떤 것인지를 실감케 해 줄 것이다. 동서의 선지자를 만나 고담준론을 펼칠 수도 있고, 이웃 아저씨나 아줌마와 정담을 나눌 수도 있으며, 시중 잡배의 변명과 궤변도 들을 수 있다. 여기에 더하여 작가의 촌철살인 혜안과 유머가 번득이니 필히 독서삼매로 이끌 것이다.

이 책은 젊은이가 읽어야 한다.

수십 년 전 젊어서부터 이병주 팬이었던 세대에게는 그야말로 목마름을 채워주는 감로수이지만, 내일을 향해 달려야 하는 우리 젊은이는 좌절과 고난 속에서도 시대를 헤쳐나갈 지혜와 여유를 이 책에서 발견할 수 있다. "자중자애하라"라는 교훈이 생생히 전달될 것이다. 특히 이 책을 주야 불문 과외로 시달리는 우리의 미래 고등학생부터 읽었으면 좋겠다. 고수준의 사상과 고품격의 명문을 일찍부터 접해 보는 것은 후일 큰 자산이 된다.

아울러 이 책의 출간을 계기로 부산에서, 아니 전국 방방곡곡에서, 희망컨대, 세계 전역에서 나림 독서와 나림 사상이 큰 물결을 이루었으면 한다. 우리의 책임과 역할이 막중하다.

이병주 선생은 행복해하실 것이다.

부산의 후배 안경환(前 서울대 법대 교수)이 평전을 헌정하였고, 이제 더 젊은 후배 조광수가 해설적 평론을 봉정한다. 작년 초 조직된 나림연구회를 비롯하여 지금부터 시작이다. 나림학(那林學)에 내장

된 무궁무진의 보고는 부산의 미래 연구가 천착해야 할 축복의 길이다.

명심하자.
작가의 말처럼, "나림에게 성자나 위인을 바라서는 안 된다."
우상화는 금물이다.
멋과 풍류를 알고, 다정다감의 인정을 지닌 부산 사람으로 기억하면 최상이다.

김성국(경인 이종석 선생 기념사업회 회장, 前 부산대 교수)

책머리에

나림 이병주는 나의 스승이다. 나는 나림 선생께 인문을 배웠다. 나림의 훈도 덕분에 사마천을 읽고 루쉰을 읽었다. "헤브라이즘과 헬레니즘의 절묘한 조화"라는 레토릭에 반해 니체를 숙독했다. 『소설 알렉산드리아』와 『행복어 사전』이 준 자극이다. 『관부연락선』을 정독한 이후 나는 역사와 권력을 공부하기 시작했다. 정치사상 공부는 『지리산』과 『산하』라는 정치학 텍스트를 익히며 시야가 넓어졌다. 『장자에게 길을 묻다』와 『바람과 구름과 비』는 깊이를 더 해주는 향도(嚮導)였다.

나림은 도스토옙스키 전문가다. 『죄와 벌』의 의미를 독특하게 해석하고 라스콜리니코프의 심상에 나폴레옹을 집어넣는 도전적인 시도도 감행했다. 나림에게 단 한 권의 책 『악령』은 아나키즘을 공부하는 나에게도 교과서였다. "도스토옙스키는 철학의 문학화, 문학의 철학화에 성공했다"라고 극찬하며 『카라마조프 형제들』의 「대심문관」을 해석하는 대목은 과연 도스토옙스키 평론의 정수(精髓)다.

　나림학도(那林學徒)로서 나림 또한 문학의 철학화, 철학의 문학화를 이루었다고 주장하고 싶다. 나림은 거기에 더해 기록으로서의 소설과 재미있는 소설을 선물했다. 나림은 나에게 따듯한 시선으로 세상과 사람을 보고 과거 현재 미래를 통시적(通視的)으로 살피는 문명적 시선을 가르쳐주었다.
　나림을 읽고 또 읽은 지 50년이 넘는다. 독후감은 작가에 대한 애정과 존경에서 시작한다. 학은(學恩)을 갚으려면 독후감을 써도 여러 권을 이미 썼어야 한다. 『나림 이병주 문학과 인문 클래식』은 『나는 자유 : 나림 이병주 문학과 아나키즘』에 이은 두 번째 독후감이다. 2024년 초부터 2025년 말까지 국제신문에 연재한 45회 중 30편을 모은 것이다. 이번 출간은 내가 받은 나림 인문학 훈도를 청장년 세대에게 전달하고 싶은 마음에서 비롯되었다. 나림의 문명적 시선을 청소년 세대가 배우기를 바라는 마음 간절하다.

　이 책의 출간에 참 여러분의 도움이 있었다.
　주필과 편집국장을 지낸 대선배 나림을 흠모하는 국제신문 후배 오상준 편집인과 조봉권 대기자의 도움이 컸다. 연재 기회를 주시고 흔쾌히 출간을 허락하신 두 분의 정에 깊이 감사드린다.

나림 연구회 회원 제현께도 고맙다는 말씀드린다. 나림의 작품을 발제하고 토론해 온 2년은 교학상장의 시간이었다. 다양한 직업을 가진 동학(同學)들의 다양한 시각은 나를 깨우쳐주었다. 김성국, 조영림, 정두환, 박원호, 권명해, 조용진, 이청아, 곽재용, 최두용, 박귀자, 오상준, 조봉권, 하태영, 박미라 선생님, 정말 든든하다.

건설회사 협성의 정철원 회장님께선 신문 연재되는 날이면 늘 격려해 주신 열혈 독자이시다. 사무실에 작은 글씨로 된 『지리산』을 두고 거듭 읽는 진정한 나림 마니아 노익장이시다. 청소년에게 나림을 읽혔으면 좋겠다는 나의 제안에 흔연히 도움을 주셨다.

나림 인문학을 사숙한 강호 제현의 공감과 질정(叱正)을 바란다.

2025년 11월
夏院에서

프롤로그

클래식, 즉 고전은 읽고 또 읽는 책이다. 고전은 읽을 때마다 늘 새롭다. 책의 내용은 그대로이지만 읽는 사람이 성장하고 변화하기 때문이다.

나림 이병주(1921-1992)는 박학강기(博學强記)였다. 박학은 동서양의 고전을 섭렵하는 데서 시작한다. 강기는 보고 들은 것을 분명하게 이해하고 핵심을 파악하는 역량이다. 박학강기는 천재의 한 특징이다. 나림은 천재가 대재가 된 희귀한 경우다.

시인 허만하는 이병주를 품인(品人) 하며 서랍에 비유했다. 이 서랍을 열면 이런 지식이 쏟아져 나오고 저 서랍을 열면 저런 지식이 흘러나온다며 무궁무진한 지식과 이야기에 경탄했다. 다독가(多讀家)이자, 맥락과 핵심을 단숨에 장악하는 이병주의 강인한 내공을 상찬했다.

언론인이자 정치인이었던 남재희는 나림의 폭넓은 독서와 깊은 사색 그리고 놀라운 필력을 아낌없이 인정했다. "이병주는 당대 최고의 지성이었으며, 소설보다 오히려 에세이에서 그 실력이 더 드러났다"라고 했다.『통 큰 사람들』에서 나림의 지적 볼륨과 깊이에 압도당했다고도 했다.

고전문학자 김언종은 "이병주를 이가환과 정약용과 함께 근 300년 3대 박식가로 부르고 싶다"라고 극찬하고, 당대 영향력으로 따지면 이병주가 정약용보다 더 영향력이 크다고도 했다. 나림의 박식은 백과사전식 박식이 아니라 일관된 그 무엇이 있는 박학다식이라고 했다. 아직 인공지능이 없던 시절 나림(이하 나림 이병주를 호 '나림'으로 칭한다)은 주제별로 잘 정리 정돈된 'AI 나림봇'이었다. 거기에 더해 문명적 시선까지, 과연 인문 클래식이라고 할 만했다.

나림은 책을 읽는 데서 깊은 의미와 기쁨을 느꼈다. 서대문교도소 마당에서 건너편 언덕을 오르내리는 사람들의 자유로운 왕래를 보며 "책 읽을 수 있는 형무소 감방이 책 읽을 수 없는 자유보다 오히려 낫다"라는 인식을 할 정도였다. 자유와도 바꿀 수 없는 독서 삼매경이다. 독서의 폭과 깊이는 그대로 체화되어 나림의 작품에 녹아있다. 때로는 친절하게 풀어서, 때로는 생경하게 날것으로, 때로는 아포리즘 몇 대목으로 소개하기도 한다. 작품 속에서 나림의 문학과 동서양의 고전은 절묘하게 어울린다.

나림이 가장 즐겨 인용하는 아포리즘은 독일 초기 낭만주의의 대표 시인인 노발리스의 "사람이 된다는 것, 그것이 예술이다."와 극복한 사람 초인(超人)의 사상을 피력한 니체의 "사람은 혼탁한 강물이다. 그 탁한 강물을 스스로 더럽히지 않고 받아들이려면 바다가 되어야 한다"라는 대목이다. 『행복어 사전』을 비롯한 여러 작품에서 거듭 인용한다. 니체의 "스스로 힘에 겨운 뭔가를 시도하다가 파멸한 자를 나는 사랑한다"라는 대목도 나림 문학의 좌우명 중 하나다. 소설을 통해 역사에 기록되지 않거나 기록할 수 없는 함정을 메우는 작업을 하겠다는 일념을 감옥에서 지녔다. 옥중에서 무수한 책을 읽으며 여백에다 장차 쓸 소설의 소재를 새까맣게 메모했다. "사막에 불시착한 나폴레옹" 부류의 인물을 주인공으로 내세워 그의 달빛에 가린 인생사를 독자와 함께 아파하고 슬퍼하는 것이다. 나림은 학문과 문학을 융합하려 애썼고, 성공했다.

먼저, 나림의 서양 고전에 대한 이해는 아폴론적 지혜와 디오니소스적 도취를 비교하거나 헤브라이즘과 헬레니즘의 차이를 언급하는 대목에서 선명하다.

"아폴론이 깨어있는 정신이라면, 디오니소스는 도취 되어 있는 감동이다"라는 표현이 작품 곳곳에 등장한다. 나림은 인간의 삶과 예술 모두 아폴론적인 것과 디오니소스적인 것의 협동으로 이루어진다고 여겼고, 디오니소스적 생명의 도취 없이는 아폴론의 총명은 그저 고목일 뿐이란 인식이 분명했다. 아폴론과 디오니소스는 의 형제 사이이니(아폴론과 디오니소스는 올림포스 신들의 왕 제우스의 아들로 이복형제다), 무릇 작가는 아폴론적 이성과 디오니소스적 창작 정신을 두루 갖춰야 한다고 생각했다. 디오니소스는 구체적으로 술과 성의 도취다. 호색과 광기라는 금기를 해제하는 존재다. 여기서 에로티시즘이 등장한다.

나림은 『에로스 문화탐사』라는 한국문화사의 기념비적인 책을 썼다. 책은 1987년에 출판되었지만, 그 내용은 1973년부터 2년에 걸쳐 「서울 평론」에 56회 연재했던 칼럼이다. 아직도 사회적으론 성리학적 금욕주의가 근엄하게 작동하고 정치적으론 유신체제의 통제가 엄혹하던 시절인 1973년에 금기를 깨는 일탈적 글쓰기를 한 배포와 필력에 그저 감탄할 따름이다. 나림의 소설에는 주색 묘사가 질편하다. 나림은 『금병매』를 번역하기도 했다.

헤브라이즘과 헬레니즘의 차이를 비교하는 대목도 여러 작품에 나온다. 유럽의 문명사를 정리하면서 한, "술을 마시고 기분 좋아지는 걸 그냥 긍정하는 태도를 헬레니즘이라 하고, 술 안 마셔도 기분 좋아지는 방법을 연구하는 태도를 헤브라이즘이라고 한다"라는 통찰은 압권이다.

다음, 나림의 동양 고전에 대한 이해는 공자와 장자 그리고 사마천을 거쳐 당송 시대의 여러 시인과 근현대의 루쉰에 이르기까지 폭넓고 깊다.

나림은 탈이념으로, 이데올로기를 불신한다. 공자의 유연하고 소박한 사상이 후대에 와서 경화된 이데올로기로 변질되어 간 상황을 안타까워하고, 장자의 자유와 해방에 깊이 공감한다. 『문학을 위한 변명』에서 "공자야말로 존재의 유한성을 누구보다 깊이 자각하고 있었고, 그 자각이 현실에 대한 사랑과 겸허의 심정으로 나타난 것이다"라고 하며, 『논어』의 여러 장면을 인용한다. 『허균』에선 조선 시대 유학 이데올로기의 타락과 갑갑함을 비판하고, 『장자에게 길을 묻다』에선 도덕의 테두리를 넘어서는 생명과 자유를 말한다. 탈속함과 의협심으로 격동의 시대를 살아낸 아나키스트 노인을 주인공으로 한 『그 테러리스트를 위한 만사』와 『허상과 장미』에선 한국 아나키즘의 독특함을 드러내기도 한다. 그 독특함이란 바로 격조인데, 격조는 동양적 수양을 바탕으로 한다.

나림이 니체와 도스토옙스키를 만난 것이 운명이었다면, 사마천과 루쉰은 나림에게 스승이었다. 사마천은 나림이 기록자 문학을 하게 하는 향도(嚮導)였고, 루쉰은 학자와 언론인 시절 나림의 롤 모델이었다. 사마천의 울굴함과 발분저서(發憤著書)에 깊이 공감한 나림은 옥중에서 『사기』를 읽고 또 읽는다. "원(怨)은 난(亂)을 만들고, 한(恨)은 문화에 통한다"라는 사마천과의 동병상련은 결국 '이사마'란 필명으로 이어진다. 스무 살 때 루쉰을 만난 이후 「아큐정전」을 10번 이상 정독했고 진주 학자 시절엔 루쉰 연구에 천착했으며 부산 언론인 시절엔 루쉰의 촌철살인 칼럼을 닮은 글을 쓰려고 애썼다.『허망과 진실 2』는 사마천과 루쉰 깊이 읽기의 결정판이다.

 끝으로, 나림의 한국 사상에 대한 관심의 시작은 도쿄 유학 시절 이상백을 만나면서부터이다. 이상백은 와세다 대학의 연구원으로 베이징에서 유학한 경력을 가진 사회학자이자 일본 농구계의 스타였다. 한국 유학생들의 멘토이자 울타리 역할을 했던 품이 큰 인물이었다. 어느 비 오는 날 유학생 몇이 그의 사무실에서 "조선에는 괴테나 루소 같은 사상가가 없다"라며 갑론을박했다. 그 끝에 이상백은 원효와 정약용을 소개했고, 나림은 그날 밤 한적(漢籍) 도서가 그득한 그의 자택을 찾아『목민심서』7권을 빌려 온다.『관부연락선』에 그날의 에피소드가 상세하다.

 이상백은 정도전을 비롯한 여말선초(麗末鮮初) 인물 연구의 선구자다. 그의 역사 사회학 영향을 깊이 받은 나림은『정도전』과『정몽주』를 썼고, 망국 조선을 대체할 새 왕조 신(晨)을 구상하는 최천중의 꿈『바람과 구름과 비』를 썼다.

 고전은 상상력의 보고이다. 문제가 문제인 것은 당장 해결할 수 없기 때문이다. 고전의 의미는 즉문즉답의 해소책 제시보다는 상상력의 제공에 있다. 나림은 고전에서 답안보다는 문제 설정의 방법이 중요하다는 사실을 깨우쳤다. "문제를 너절하게 세우면 아무리 좋은 답안이 나오더라도 무용한 노릇이다. 하지만 일단 문제 설정만 제대로 해놓으면 언젠가 그 문제의 크기와 깊이에 따라 답안이

나올 수도 있다"라는 것이 고전이 주는 교훈이다. 클래식은 정신적 명품이다.

영국에는 셰익스피어학이 있다. 중국에는 『홍루몽』과 『금병매』를 전문적으로 연구하는 홍학(紅學)과 금학(金學)이 있다. 나는 한국이 배출한 불세출의 대문호 이병주에 천착하는 이병주학이 있어야 한다고 생각한다. '나림 이병주 문학과 인문 클래식', 이 글이 이병주학에 작은 보탬이라도 되기를 바라는 마음 간절하다.

차례

추천사 — 4
책머리에 — 7
프롤로그 — 10

1. 이병주 인문 클래식의 원형 : 『관부연락선』 1 — 21
2. 이병주 자신을 위한 청춘 만사(輓詞) : 『관부연락선』 2 — 28
3. 이병주 인생 열차의 기점 : 『지리산』 1 — 35
4. 민족의 고민을 꿰뚫는 통찰력 : 『지리산』 2 — 42
5. 해방의 날 그 웅장한 프롤로그 : 『산하』 1 — 49
6. 해방정국 '난세 영웅' 품인(品人) : 『산하』 2 — 56
7. 『산하』의 인물 열전(列傳) : 『산하』 3 — 63
8. 이병주의 트라우마 학병 : 『별이 차가운 밤이면』 1 — 71
9. 미완의 유작 : 『별이 차가운 밤이면』 2 — 79
10. 이병주의 부산 예찬송(禮讚頌) : 『예낭풍물지』 — 87
11. 이병주의 1968년 : 『마술사』 — 95
12. 규범과 일탈 사이 '어른의 사랑' : 『돌아보지 말라』 — 103
13. 이병주의 사랑과 화(和) : 『비창』 — 111
14. '위대한 잡놈'의 장쾌한 서사 : 『바람과 구름과 비』 1 — 119
15. 역사 권력 인생의 함수 관계 : 『바람과 구름과 비』 2 — 126

16. 천재 시인을 사랑한 천재 나림 : 『바람과 구름과 비』 3 — 134

17. 10권의 서사에 다 담지 못한 이야기 : 『소설 이용구』 — 141

18. 이병주의 롤모델 사마천 : 『사기』 1 — 149

19. 결국 역사의 중심은 사람이다 : 『사기』 2 — 157

20. 사마천과 공자 그리고 이병주 : 『사기』와 『논어』 — 165

21. 골기(骨氣)의 문인, 잡감문(雜感文)의 대가 : 루쉰 1 — 173

22. 당대의 거인 루쉰과 나림 : 루쉰 2 — 181

23. 인간 바닥 탐구한 비극적 천재 : 도스토옙스키 1 — 189

24. 이병주의 단 한 권의 책 『악령』 : 도스토옙스키 2 — 197

25. 걸작의 비결 : 도스토옙스키 3 — 204

26. 이병주의 행복론 : 『행복어 사전』 1 — 212

27. 소설로 풀어준 니체 해설서 : 『행복어 사전』 2 — 219

28. 문학과 종교로 나폴레옹 꿈꾸기 : 『행복어 사전』 3 — 227

29. 맹렬 여성과 정열 여성 : 『청사에 얽힌 홍사』 — 234

30. 이병주의 종교 이야기 : 『백로 선생』 — 242

에필로그 - 이병주를 위한 변명 — 250

이병주 인문 클래식의 원형
『관부연락선』 1

문학적 글쓰기는 애도(哀悼) 작업이다. 자신의 만사(輓詞)를 쓰는 일이다. 깊은 무의식에 잠겨 있는 상처를 헤집고 마주하며 치유하는 일이다. 문학적 글쓰기는 자신의 슬픔과 적막감을 위로하고 해소되지 못한 결핍을 애도하는 노력이다.

나림 이병주(이하 나림)는 "한이 많아 소설을 쓴다"라고 했다. 사실상 데뷔작 『소설 알렉산드리아』는 엑조티시즘(Exoticism)을 포장지로 한, 한 많은 옥중기다. 감옥에 갇혀 황제의 사상을 키운다며 의연한 척하지만 깊은 분노가 숨어있다. 친구 하준규와 박태영을 위해 쓴 『지리산』도 그 다이내믹스는 의분(義憤), 즉 한이다. 나림은 자신을 위한 만사를 두 번 썼다. 첫 번째는 마흔 후반에 쓴 『관부연락선』이고, 두 번째는 예순을 앞두고 쓴 『세우지 않은 비명』이다.

『관부연락선』은 나림 소설의 한 원형이다. 에피소드와 인물의 원형이 여럿 등장하고 문제의식의 원형도 드러난다. 각색하지 않은 원시자료(Raw Data) 같은 신선한 느낌이 있다. 거기에 더해 이 작품은 동서양의 고전 명작을 소설 속에 녹여 넣는 나림 식 글쓰기의 전형이기도 하다. 나림은 문학과 학문을 융합하고 재미와 지성을 결합하려 애썼고, 『관부연락선』은 성공한 사례다.

나림은 자신의 인생이 실패한 이유를 청춘의 부재에서 찾는다. 그의 소설은 자전적인 내용이 많지만 『관부연락선』은 유난하다. 『관부연락선』은 나림 서른 살까지의 수기다. 자신을 요절한 수재로 극화한 청춘 시절의 만사다. 헤밍웨이는 "추상적인 말은 오염되기 쉽다"라고 했지만, 영원히 더럽혀지지 않는 단어도 있다. '청춘'이 바로 그 단어다.

나림은 자신의 분신인 유태림의 행장(行狀)을 통해 청춘의 불모성을 토로하고 잘못 산 청춘으로 인한 마음의 지옥을 드러낸다. 특히 학병을 거부하지 못하고 일본군 졸병 노릇을 한 자신을 "제값을 모르고 스스로 팔아먹은 노예 같지도 않은 노예"로 규정하고, 사람도 아니라고 자학한다. 20대 초반 무한 가능성의 시기에, 자기주장에 앞서 비굴과 위선을 배워버린 자신을 끝내 용서하지 못한다. 나림은 경남일보가 1989년 복간되자 명예 주필 겸 뉴욕지사장에 취임한다. 그리고 『관부연락선』을 다시 연재한다. 그때 붙인 제목이 『아아! 그들의 청춘』이었다. 『관부연락선』은 청춘 무곡(舞曲)이자 청춘 애가(哀歌)다.

나림의 유학(留學)은 유학(遊學)이었다. 모름지기 유학은 유학이 되어야 한다. 나림의 지적 편력은 한량없다. 읽고 싶은 책을 마음껏 사서 봤고, 가고 싶은 곳 어디든 여행을 다녔으며, 상류층 친구들과 고급 취미를 함께 즐겼다. 물론 경제적 여유도 유학(遊學)이 가능한 한 근거였다. 부산에서 은행에 근무하는 소학교 동창생 월급이 출장비까지 합쳐 50원일 때, 학생으로 한 달에 250원을 썼다.

나림은 메이지대 전문부 문학과에서 수학했다. "칸트와 콩트를 구별 못 하면서도 철학을 말하고", "하루 벌어 하루 먹는 주의가 실존주의이고, 푼푼이 저축하며 사는 주의가 이상주의다"라고 하는 엉뚱함이 그득한 클래스였다. 나림은 "3류도 아닌 4류 대학이었다"라고 자비(自卑)했지만, 아베 도모지와 고바야시 히데오 같은 당대 최고의 지성이 교수진이었고 고담준론을 나눌 수 있는 E와 H 같은 익우(益友)가 동학이었다. E와 H는 좋은 집안 배경에 성실한 학문 태도를 가진 수재로, 수재는 수재끼리 알아본다고 첫눈에 친구가 된다. H는 유명 역사 소설가 후나바시 세이이치의 동생으로 고등학교 때 마르크스 사상에 빠져 만주까지 가서 노동운동을 하다가 체포된 경력이 있고, E는 수산 재벌의 자제로 항일 독립운동 결사인 '원주신'을 함께 조사하는 정열과 집념을 가진 의리남이다. 이들은 일본 요정에 앉아 당시 교양주의의 대표인 미키 기요시(三木清)와 고바야시의 파스칼에 대한 해석을 두고 논쟁한다. 세 학생의 지적 수준은 초일류다.

활달하고 세련된 상류층 여성 이사코와의 교제는 연극계를 비롯한 문화계 인사와의 접촉으로 이어지고 나림의 관심 폭은 더욱 확장된다. 쓰키지(築地) 극장에서 일본 근대 연극의 창시자 기시다 구니오(岸田國士)를 만나고, 아리시마 다케오의 아들 모리 마사유키의 연기를 감상한다. 그런 경험은 진주 농대 개교 1주년 기념행사의 감독을 맡은 나림이 오스카 와일드의 『살로메』를 공연하게 한 바탕이 된다. 음악은 〈나그네 설움〉, 〈번지 없는 주막〉 등을 작곡한 친구 이재호가 맡았다. 나림은 화려한 무대와 정교한 연출로 관중을 매료시켰다. "퇴폐를 통해 생의 엄숙함을 제시한 오스카 와일드는 어떤 사상가보다 훌륭한 인류의 교사였다"라는 해설과 서곡으로 시작한 연극은 감독 이병주 교수를 일약 스타로 만들었다.

나림은 대학 진학 전 교토에서 공부한 적이 있다. 하숙집 근처에 고토(琴)를 잘 타는 아스코(篤子)란 여성이 있었다. 덕분에 일본의 전통 음악을 접한 나림은 아스코에게 한국의 전통 음악을 소개하고 싶어 한 해 방학 온전히 가야금과 북 그리고 창을 배웠다. 판소리 명창 이화중선이 도쿄 혼조에 살고 있다는 소문을 듣고 찾아가기도 했다. 아편 중독자의 처참한 몰골로 누워있는 낙백(落魄)한 '춘향가' 명창에게 창을 배우지는 못했다.

흥미 있는 대목이 하나 있다. 나림이 유학하던 당시 도쿄 유학생의 70%가 법경 계열이었다는 사실이다. 법학도와 상학도 저마다 실리적 목표가 있었겠으나, 나림은 코스모폴리탄을 자처하는 망명인으로서 좋은 책 읽으며 학문의 세계에만 빠져 있고 싶은 문학도였다. 난세엔 학생으로서 유예된 신분과 보류된 시간을 즐기는 것이 최선이라는 생각이었다. 이른바 무용(無用)의 용(用)이다. 유용은 모생(謀生)이다. 쓸모 있는 것은 우리가 세상에서 살아갈 수 있게 해준다. 무용은 기쁨이다. 쓸모없는 것은 우리를 살면서 즐겁게 해준다. 무용이 가장 유용할 수도 있다. 쓸모없어 보이지만 우리의 정신을 윤택하게 해주는 게 인문 클래식이다. 바로 문학과 철학과 역사, 문사철(文史哲)이다. 나림은 매월 50권의 정신적 명품을 정독하고, 꼼꼼하게 독서록을 작성했다.

관부연락선은 하나의 상징적 통로다. 도버와 칼레의 여객선이 영국과 유럽의 대륙을 연결하는 통로이듯 관부연락선은 한반도와 일본의 관계를 상징하는 통로다. 1905년 일본이 러시아와의 전쟁에서 승리하고 기고만장하던 시절에 개통된 관부연락선은 영광과 굴욕 두 의미를 다 싣고 왕래했다. 일본에선 한국과 대륙 경영을 꿈꾸는 야심가부터 돈벌이 기회를 찾는 상인, 심지어는 낭인 부랑배까지 영광을 기대하며 부산행 배를 탔고, 한국에선 소수의 유학생과 다수의 노동자가 굴욕을 느끼며 시모노세키행 배에 올랐다.

나림은 그 배에서 30여 년 전 원주신(元周臣)이란 이름의 청년이 투신한 것을 주목하고 그의 정체 찾기에 나선다. 원주신은 한 사람이 아니라 의병 비밀결사였다. 리더였던 봉화 원주신의 자손이 사쿠라이 노인을 소개하면서 실마리가 풀린다. 사쿠라이는 의병장 이인영 취조에 통역으로 참여했었고, 그를 존경하게 되어 기록을 남겨 놓고 있었다. 사쿠라이는 나카에 조민(中江兆民)의 제자다. 나카에 조민은 루소의 저작을 일본에 소개한 자유민권운동의 지도자로 동양의 루소라는 별명을 얻었던 자유분방한 기인이다. 그의 필명 슈스이(秋水)는 제자 고도쿠 슈스이(幸德秋水)에게 전수된다. 고도쿠 슈스이는 반전 평화를 외치고 천황제도를 비판하다 처형된 아나키스트다.

투신한 원주신은 당시 시모노세키에 머물고 있던 송병준을 주살하려다 실패하고 분사한 것이다. 나림은 한일병합에 대해 "송병준 같은 자만 없었더라면" 하는 것과 "일본의 야심만 없었더라면" 하는 것 사이의 딜레마가 있었다. 하지만 80%는 한국 탓이라는 자기반성이 앞섰다. 나림은 원주신을 찾는 노력도 했지만, '소설 이용구'를 지어 헛것을 좇다가 후회로 생을 마감한 문제적 인물 이용구에게 변명의 기회를 주기도 했다.

2

이병주 자신을 위한 청춘 만사(輓詞)
『관부연락선』 2

    나림 이병주는 공산주의를 깊이 연구했다. 해방정국 모교에서 교사 생활을 할 때 공산주의에 대한 이해가 절실했다. 당시 교사 60명 중 55명이 남로당원이거나 동조자였고, 학생도 상급반의 경우 33명 중 32명이 좌익 단체인 학생 동맹 맹원이었다. 이들과 대화하고 갈등하고 대결하며 나림은 이론투쟁에 대비해야 했다. 마침 담당 과목이 철학이었다. 마르크스의 『자본론』을 정독했고, 관련 서적을 섭렵했다. 생래적으로 마르크시즘에 혐오감을 느꼈지만, 연구할수록 마르크시스트의 철학적 태도마저 수용할 수 없었다. 나림의 공산주의 해설과 소련 공산당 한국 공산당 탐구는 『관부연락선』에서 원형을 보이고, 『지리산』을 거쳐 『남로당』에서 활사(活寫)가 선명하다.
    나림은 도스토옙스키의 가족을 혹독하게 박해하고 있다는 기사를 보고 소련 공산당이 첫인상부터 고약했다. 거기에 더해 톨스토이 전기를 쓴 보리스 필리냐크를 단지 트로츠키파라는 이유만으로 극형에 처했다는 사실을 알고는 그런 정권을 만든 사상에 대해 혐오감을 느꼈다. 필리냐크는 스탈린의 대숙청 시기 트로츠키파를 제거하는 명분인 반혁명 활동 혐의로 체포되어 아주 짧은 재판 끝에 사형 선고 당일 총살되었다.

1920년대 태생인 나림 세대는 스페인 내전의 인민전선에 흥분하던 세대다. 인민전선파를 지원하기 위해 참전했던 헤밍웨이, 앙드레 말로, 조지 오웰에게 격하게 공감하는 분위기였다. 스탈린이 인민전선의 아나키스트들을 무자비하게 숙청하는 대목에서 지식인들은 환멸에 빠졌고, 나림도 생래적으로 안티 코뮤니즘 정서였다. 그래도 열심히 공부했으나 마르크시스트의 철학적 태도는 도저히 수용할 수 없었다. 다른 철학을 비판할 때는 온갖 의식을 다 깨워 놓고 비판적으로 읽으라고 조언하면서 정작 마르크스 철학만은 비판 없이 겸손하게 읽으라고 한다는 것이다. 그런 위선적이고 교조적인 태도가 마음에 들지 않았다.

반면 좌익 교사의 사상적 지주인 M은 나림과 때로 대립하고 때로 대화하며 "마르크시즘에 처음부터 동경을 느꼈다"라고 고백한다. 선악과 호오를 따질 필요 없이 기존 가치체계를 확 바꾸려면 이 사상밖에 없다는 확신이다. 흥미로운 대목은 두 사람의 대화 끝이다.

"피차가 성실하기만 하면 어느 때 어떤 지점에서 반드시 만나게 될 것"이라는 M의 믿음에 나림은 "나의 목적은 윤리에 있고, M의 목적은 혁명에 있으니 합류는 어려울 것"이라고 답한다. M은 소련도 변하겠지만 중국에 더 큰 희망이 있다고 낙관한다. M은 『남로당』과 『여사록(如斯錄)』에 실명 민병준으로 등장한다. 진해 해사대학으로 자리를 옮긴 그는 군함 1척을 북한에 보내고 두 번째 작업을 하다가 적발되어 동료 교수 7명과 처형된다. 진주 농고 제자들도 여럿 죽거나 상했다.

나림은 기본적으로 탈이념이다. 이데올로기 자체를 싫어한다. 백지에서 출발하지 못하는 한 어떤 이데올로기든 하나의 선을 위해 백의 악을 서슴지 않는다는 사실을 체회(體會)했기 때문이다. 철저하고 가혹하게 시대를 겪었던 나림은 세 가지 이유로 이데올로기를 불신한다.

첫째, 이데올로기의 비역사성이다. 인간의 역사는 단순명료하지도 않고 깔끔하지도 않다. 그럼에도 이데올로기는 역사가 진흙탕이란 사실을 부정하고 깔끔하게 단순화하려 한다. 역사는 시비선악이 뒤섞여 있다. 불의가 정의를 이기고 권모술수가 진실을 압도하는 경우가 부지기수다. 그걸 한쪽으로만 해석하고 일도양단으로 판단해버리면 수단 방법 가리지 않고 목표만 달성하면 그만이라는 독선에 빠지게 된다. 이데올로기의 힘은 단순명료성에서 나오지만, 참으로 비역사적이다.

둘째, 이데올로기의 비인간성이다. 이데올로기는 헝클어진 실타래를 싹둑싹둑 가위로 잘라 정돈하려는 시도다. 하지만 그 가위질이 정돈이 아니라 오히려 낭패를 만드는 게 현실이다. 인생이란 힘들더라도 한올 한올 실타래를 풀어가는 데 의미가 있고 보람이 있다. 사실 사람을 이데올로기의 틀에 담으려는 의도와 시도 자체가 비인간적이다. 인간의 자유로움을 뺏기 때문이다.

셋째, 이데올로기의 비현실성이다. 인간의 삶은 아이러니로 가득하고 역사는 예측 불가하다. 인간의 애씀이 결국 더 깊은 진흙 수렁에 빠지게도 한다는 사실을 간과한다는 점에서 이데올로기는 비현실적이다. 역사를 이데올로기의 수족으로 만들어 정치화하면 그 역사는 실제 현실이 아니다.

고은은 『만인보』에서 "소설가 이병주는 이데올로기를 멜로드라마로 그리는 사람, 이데올로기를 추억으로 노래하는 사람"이라고 썼다. 이데올로기를 낭만적으로만 접근하고 나이브하게 터치한다는 뜻이다. 하지만 나림의 이데올로기 이해와 체득은 고은이 그렇게 냉소적인 몇 마디로 정리할 수 있는 경지가 아니다. 수준도 수준이지만 나림은 고은과는 결이 많이 다르다.

『관부연락선』엔 나림의 친구 H가 중국 공산당과 결탁해 반전운동을 일으킬 목적으로 만주에 갔다는 죄명으로 형을 살다가 위장 전향한 사연이 있다. 자유는 얻었으나 여전히 방향을 못 잡고 방황하던 차에 고바야시 히데오의 강의를 듣는데, 고바야시 교수는 사관(史觀)을 지도에 비유해 유물사관도 지도의 하나라고 했다. 지도는 아무리 정교해도 실제와는 다르다. 미국의 지도를 보고 미국을 알았다고 할 수 없는 이치와 같다. 공산주의자의 문제는 하나의 지도에 불과한 것을 절대 최고의 지도로 모시는 것에 더해 그 지도가 역사 자체인 양 여기며 남에게도 강요한다는 것이다. 그 강의를 듣고 H는 그렇게 매력적이던 유물사관이 낡아빠진 의상을 두른 허수아비처럼 보이게 되었다.

  사람에게 인격이 있듯 사상엔 지조가 있다. 굳이 설명해야만 이해되는 인격은 인격이 아니듯 구구하게 변명해야만 이해되는 사상은 지조의 사상이 아니다. 하지만 난세엔 덜된 지식인들이 날뛴다. 얼치기들의 경박은 악덕 이상으로 나쁘다. 이기심을 감춘 허장성세는 어이없는 결과를 초래한다. 나림은 해방정국에서 남로당이 한 일련의 공작이 모두 그런 맥락이라고 단언한다. 그 만화 같은 놀음에 빛나는 천재의 친구들이 희생된 사실을 나림은 도저히 용서할 수 없었다. 거듭된 전쟁으로 인류는 기왕에 아름답고 준수한 인물을 많이 잃었다. 거기에 더해 증오를 부추기는 이데올로기의 이름으로 기막힌 인물들이 스러진 걸 나림은 용납하지 못했다.

  나림은 6.25 전란 중 여러 차례 죽을 고비를 넘겼다. 순전히 좌익과 우익을 우정으로 넘은 친구들의 도움이었다. 운명 또는 섭리라고밖에 달리 표현할 수 없는 순간이 거듭되었다. 그럼에도 친구 이광학의 죽음만은 받아들일 수 없었다. 나림은 해인사로 출가했다. 적막하고 슬펐으며, 세상이 원망스럽고 자신의 운명이 너무 가혹하다고 느꼈다. 언어도(言語道)가 단(斷)하고 심행처(心行處)가 멸(滅)하는 상황을 절감했고, 허망했다. 나림은 고봉 스님을 만난다. 고봉은 불학과 유학에 두루 통달한 자유자재의 선지식이었다. 선종을 중흥한 경허에게 대자유를 배우고, 만공의 법맥을 이었다. 주색을 마다하지 않아 주(酒)고봉으로 불렸고, 화엄경을 보며 좌탈(坐脫)했다. 고봉은 나림의 출가를 만류하며 1년을 지내보자고 했다. 해인사 시절 나림은 빨치산에게 납치될 뻔했다.

해방정국에선 우익 반동 교사라고 비난받더니 6.25를 거치면서 좌익 부역자로 경찰 조사에 더해 미군 CIC(방첩대) 조사까지 받았다. 나림은 좌우익 양쪽에서 다 공격받았다. 억울함을 풀고자 3대 총선에 출마했으나 극심한 부정선거와 빨치산 출신이라는 선동에 3위로 낙선했다. 1위 2위 후보와의 표 차이는 거의 없었다. 이데올로기와 연관된 연좌제만큼은 해소하고 싶었으나 기회를 얻지 못했다. 5.16 후 나림은 용공 혐의로 체포되어 2년 7개월 징역을 산다.

사람을 살리는 사상, 사람의 체취가 물씬 나는 사상을 염원했던 휴머니스트 나림에게 이 어이없는 옥살이는 가슴의 고슴도치로 남았다. 사람은 통분을 안고 살 수는 없다. 해원(解寃) 해야 산다.

이병주 인생 열차의 기점
『지리산』 1

  세월이 아무리 지나도 괄호로 묶인 삽화처럼 뚜렷한 회상이 있다. 나림 이병주의 그 회상은 지리산에서 시작한다. 지리산에 처음 오른 열 살 때의 기억이 강렬하다.
  어린 나림이 지리산에서 느낀 산의 느낌은 두 가지였다. 하나는 산의 푸근함이고, 다른 하나는 자신의 뿌리였다. 산은 살아있다. 산에 봄이 오면 봄의 산이 아닌 봄 그 자체가 된다. 계절이 산을 스쳐 가는 게 아니라 산이 그 의지와 정열로 계절을 만들어 낸다. 여름 가을 겨울 모두 그렇다. 그 산에 조부의 무덤이 있다. 문집 20권을 남긴 문사(文士) 할아버지는 손자에게 문인 유전자를 전수했다. 할머니 방에 있던 병풍 그림의 신선처럼 할아버지도 신선이 되어 산에 계신다는 생각이 들었다. 어린 조카 일행을 향도(嚮尊)한 중부(仲

父)는 성묘를 마치고 지리산에 은거 중인 동지를 만난다. 영민한 나림은 그 장면을 마음에 둔다.

나림의 지리산에 대한 호의와 애착에 의분(義憤)이 더해진다. 그 의분은 형제보다 더 가까운 친구와 연결되어 있다. 하준수와 박범수다. 소설『지리산』은 그 친구들을 위한 만사다. 소설에선 하준규와 박태영으로 나오고, 나림은 이규와 김경주 두 분신으로 등장한다.

장편 소설『지리산』의 앞부분은 주로 이규와 박태영의 학창 시절 이야기다. 이규는 하동 북천에서 진주로 왔고 박태영은 함양 마천에서 진주로 나왔다. 지리산을 연한 이웃이다. 장차 한 사람은 학자가 되고 한 사람은 투사가 된다. 한 사람은 온순하고 유연한 수재이고 한 사람은 과격하고 편협한 천재다. 그들의 성장 과정에 어른스러운 어른들이 등장한다. 같은 지우(知遇)를 얻어도 한 사람은 진심으로 받아들이고 보답하려는 마음 간절하다. 다른 한 사람은 그럴 만하다고 자부하며 다소 삐딱하게 받아들인다.

그 대목에서 이 둘을 진정 아끼는 어른이 이런 말을 한다. 대기만성(大器晩成)은 "큰 그릇은 더디 된다"라는 뜻이라기보다 "큰 그릇은 늦게까지 계속 성장하여 끝내 대성한다"라는 뜻이다. 수재든 천재든 그 재능이 보람을 얻으려면 대재가 되어야만 한다. 난세에 청년을 아끼고 조심스레 길을 열어주는 어른의 태도에 머리 숙여지는 대목이다. 실명 하영진,『지리산』에선 하영근으로 등장하는 어른이다. 『명정 40년』의 변영로가 하영진의 초대로 유쾌한 주석(酒席)을 즐겼다는 수필을 쓴 바 있는, 당대의 문사이자 부호였다.

『지리산』엔 일제 말 참으로 어려운 시기임에도 어른들의 청년 세대에 대한 뭉근한 사랑과 조심스러운 사상이 잘 드러나 있다. 나림이 특히 어른들의 귐을 받은 이유는 "총명하지만 모나지 않고 순한 성격이면서도 호오 감정이 뚜렷하며 호학하기" 때문이고, "귀(貴)와 복(福) 총명 건강이 두루 조화로운 얼굴" 덕분이다. 나림 인생 열차의 출발점에서 만난 행운이고 큰 자산이다.

나림이 항일과 독립이란 개념을 익힌 것은 작은아버지 이홍식을 통해서다. 소설에선 이홍설로 등장하며, 지리산 보광당의 원로 그룹으로 괘관산에 모인 청년들에게 독립불기(獨立不羈)의 정신을 모범으로 보인다. 원로 그룹엔 최남선, 이광수보다 먼저 문학운동을 하다가 세상 등지고 산에서 약초꾼으로 사는 성한주, 공산당 활동으로 수감 중 병보석을 틈타 산으로 온 이현상, 사상의 불모성을 절절하게 체험한 허무주의자 권창혁 등이 있다. 권창혁과 이현상이 공산주의를 두고 벌이는 토론이 소설의 백미다. 나림의 중부는 독립운동을 한 공이 있음에도 해방정국에서 벼슬을 사양하는 인물이고, 복잡다단한 정국을 정확하게 통찰하는 어른이다. 나림이 중부의 고뇌를 이해해 가는 과정이 곧 성인이 되어 가는 과정이다.

나림은 평생 호학하고 다독하며, 교사를 귀하게 여겼다. 중학교 교장 하라다와 영어 교사 구사마는 나림에게 양사(良師)였다. 하라다 교장은 일본 군국주의가 학교에는 최대한 덜 영향을 끼치도록 온몸으로 막은 교육자다. 교육 당국과도 다투고 경찰과도 맞서며 기개 있게 학생을 보호한다. 결국 권고사직하는데, 퇴임 조례 때 전교생이 울며 말린다. 나중에 만주에 중학교를 세운 동포들이 교장으로 모시고 간다. 구사마 선생은 '품행 제로'의 엉망 교사이지만 조선어 과목이 폐과되는 날 알퐁스 도데의 「마지막 수업」을 가르치며 조국과 모국어의 의미를 강의한다. 「마지막 수업」은 나림이 외운 첫 영어 소설이고, 문학에 개안(開眼)하고 세계에 개안하는 계기가 된다.

사실 나림은 일본인 교사의 횡포에 폭력으로 대응하다 퇴학당했다. 하지만 하라다와 구사마에 대한 호의에서 보듯 편견 없이 사람을 대했다. 이 대목은 루쉰이 온 중국에 배일, 반일 정서가 팽배하던 시절, 일본 유학 때 호의를 보여준 은사를 그리워하며 쓴 「후지노 선생」이란 소품을 연상케 한다. 나림은 에세이스트 루쉰을 사숙했고, 루쉰이 스승 후지노 교수를 기억하며 글 쓴 용기를 상찬했다.

10대 나림에게 학문에의 지향을 훈도해 준 어른은 하영근이다. 하영근은 지성과 고집 그리고 장자(長者)의 풍모를 지닌 거부(巨富)다. 그는 동서양의 희귀본을 포함 수만 권 책을 보유한 장서가(藏書家)이고 꼼꼼하게 그 책들을 읽어낸 다독가이다. 하영근은 스스로 딜레탕트라고 비하하지만, 인정과 세사에 두루 통한 재야의 절대

고수다. 딜레당트가 뭐냐는 질문에 "눈만 높고 능력이 따라가지 못하는 얼간이, 도락(道樂)으로 학문 예술 언저리를 빙빙 도는 사람, 생산성 없는 지식의 소유자"라고 답하지만, 다분히 겸손이다. 세계의 중심에 있다는 자부와 대성이 좌절된 소외자의 체념을 동시에 가진 인물이다. 나림의 여러 작품에 딜레당트를 자처하는 인물이 등장한다. 『세우지 않은 비명』 『그해 5월』 『망명의 늪』 등의 성유정이 바로 그런 인물인데, 나림의 분신이다.

나림은 하영근의 서재에서 스페인 내전에 대한 자료를 보고 비상한 관심을 가진다. 중학생 시기부터 하영근을 통해 스페인 내전의 전개와 여파를 숙지하고 있던 나림은 그 인연으로 4.19 직후 다짜고짜 국제신보 편집국장실에 나타난 영국 기자 프레데릭 조스와 금세 친구가 된다. 헤밍웨이와 함께 그 내전에 참전했던 조스가 프랑코 군에게 잡혀 정신착란을 일으킬 정도도 심한 고문을 겪었다는 경험담에서 6.25 전란 고비 고비마다 극심한 고통을 겪었던 나림이 동병상련을 느낀 것이다. 나림은 1971년 첫 유럽 여행 때 스페인부터 간다. 이후 두 번 더 방문하여 『스페인 내전의 비극』을 쓴다.

나림이 스페인 내전 연구에 그토록 천착했던 이유는 두 가지다. 우선, 그 내전은 승자가 아니라 패자의 이야기가 더욱 설득력 있게 받아들여지는 사례이기 때문이다. 스페인 내전은 세계 지식인의 전쟁이었다. 조지 오웰, 빌리 브란트, 앙드레 말로, 파블로 네루다 등 숱한 지식인이 참전했다. 결과는 알베르 카뮈의 이 말처럼 쓸쓸했다. "우리 세대는 가슴 속에 스페인을 간직하고 있다. 옳은 데도 패할 수 있고, 무력이 정신을 이길 수 있으며, 용기가 보상받지 못하는 시대가 있다는 사실을 체득한 곳이 바로 내전의 스페인이다." 힘에 겨운 일을 하다가 좌절한 인물을 애틋하게 여기는 나림에겐 처절하게 몰락한 아나키스트 집단이 '지리산 보광당'의 하준규, 박태영의 좌절과 오버랩하는 것이다.

다음, 스페인 내전은 이념 불모성의 상징적 사례이기 때문이다. 그 전쟁은 20세기를 풍미했던 온갖 이념이 격전을 치른 공간이었다. "이념과 현실의 모순을 보여주는, 이념이 철드는 실험장"이었고, 이상주의의 좌절 현장이었다. 나림이 즐겨하는 표현, 바로 허망과 진실의 공간이었다. 조지 오웰의 『카탈루냐 찬가』는 자유와 평등을 진정으로 실천하려는 양심가와 자유 평등을 그저 레토릭으로만 외는 야심가의 내부 분열을 명징하게 그리는 스페인 내전 애가(哀歌)다.

『지리산』에서 나림의 친구 박태영은 그 내전에서 재판 없이 처형된 가르시아 로르카의 시를 외운다. "어디에서 죽고 싶으냐 물으면 별이 빛나는 밤에 카탈루냐에서 죽고 싶다고 말할 수밖에 없다. 유언이 없냐 물으면 나의 무덤에 꽃 심지 말라고 부탁할 수밖에 없다." 지리산 마지막 빨치산 박태영의 최후를 묘사하는데 이보다 더 절절한 시구는 없다.

민족의 고민을 꿰뚫는 통찰력
『지리산』 2

나림 이병주의 『지리산』은 빨치산 소설의 효시다. 조정래의 『태백산맥』은 가장 많이 읽힌 빨치산 소설이다. 두 작품을 비교해 달라는 요청을 종종 받는다. 하동 이병주 문학관에서 '이병주의 인생 열차를 관통하는 세 가지 키워드'란 주제의 특강을 마치고 질의응답 하는 시간에도 지역 문사 한 분이 어느 작품이 먼저이며 어떤 차이가 있는지 질의했다.

나의 대답은 한결같다. 두 가지 면에서 『지리산』과 『태백산맥』은 아예 비교가 안 된다. 인사이트와 리얼리티의 차이가 워낙 크다. 원조와 에피고넨(아류, 亞流)은 어디가 달라도 다르다. 원조가 다소 투박하고 에피고넨이 화려, 현란하다 해도 내공의 차이는 드러나게 마련이다. 두 작품이 의분(義憤)으로 썼다는 공통점은 있다. 물론 의

분의 방향과 색깔은 상당히 다르다. 집필 중 외부의 압박을 받았다는 점도 같다. 1972년부터 5년 동안 『지리산』을 연재하며 나림은 "실패할 각오로 쓴다"라고 했다. 연재를 한동안 중단하고 몇 년이 지나서야 마지막 대목을 완성했다. 1983년 『태백산맥』 연재를 시작해 1989년 10권째를 완성하는 동안 조정래는 검찰 수사와 험한 공갈 협박에 시달렸다. 두 작가의 멘털리티(정신력)와 골기가 참 대단하다.

『지리산』은 나림 자신의 이야기다. 나림의 죽마고우들 사연이다. 『지리산』은 친구 박태영과 하준규를 위한 만사(輓詞)다. 그들의 '산(山) 사람' 활동은 하준규의 「신판 임꺽정 : 학병 거부자의 수기」와 이태의 「수기」를 참고하고 인용했지만, 상당 부분 직접 체험한 이야기이다. 리얼리티가 생생하다. 1921년생 나림은 이규, 김경주 두 사람을 분신으로 등장한다. 『태백산맥』은 1943년생 조정래의 벌교 삼촌들과 순천 여수의 지인들 이야기이며 절과 승려 에피소드에 부친도 등장하지만, 대다수 캐릭터는 창작이다. 어려서 목격한 참상들에 상흔이 남았겠지만, 리얼리티에 한계가 있다. 이어령은 조정래가 송사에 시달릴 때 "『태백산맥』은 작가의 자유로운 상상력에 의해 써진 신판 홍길동전이다"라는 의견을 내며 변호해 준 적이 있다.

『지리산』엔 있고 『태백산맥』엔 없는 게 있다. 작가의 각성과 부끄러움 그리고 자기 성찰이다. 『지리산』은 나림의 자기 반성문이다.

나림은 로버트 페인의 이런 문장을 인용한다. "스페인 전쟁이 끝났을 때 그 지옥에서 살아남은 사람들은 자기들이 겪은 경험의 의미를 찾아내려고 했다. 그 싸움의 궁극적인 동기를 발견하려고 애썼다. 그런데 아무도 성공하지 못했다. 조각조각으로 파괴된 신념의 파편을 주워 모았을 뿐이다." 과연 『지리산』은 의분으로 그치지 않는다. 의분이 증오로 에스컬레이터 되기보다 허망한 정열로 자제한다. 그리고 허망의 조각, 정열의 조각, 허망한 정열의 조각들을 모아 의미를 찾으려 애쓴다. 나림의 『지리산』은 시종 휴머니즘이 묵중하고, 인사이트가 선명하다. 각박하지 않고, 치우쳐 있지 않다. 삶의 부득이함에 대한 이해와 배려가 깊다. 『태백산맥』을 정독했던 독자들에게 『지리산』도 일독하기를 간절히 권유한다.

지리산을 중국의 옌안과 비교해 해방구로 만들자는 구상이 있었다. 남부군 사령관 이현상을 비롯한 여럿의 생각이었다. 박태영은 조선공산당 지도자들이 정말 그렇게 생각했다면 정세 판단의 중대한 오류이고 그저 레토릭으로 그랬다면 자기기만을 넘어 무수한 생명을 속인 용서받지 못할 처사라고 비판한다. 박태영도 결국 동참하지만 그건 "죽을 수 없으니까 죽는다"라는 순간의 유예 심정이었을 뿐, 지리산과 옌안의 차이를 확실히 알았다.

중국 공산당은 1만 킬로미터 대장정(Long March)을 할 만큼 넓은 공간을 활용했다. 장시(江西) 루이진에서 12만 명이 출발, 11개 성

(省)을 지그재그로 이동하여 1년 만에 3만 명이 산시(陝西) 옌안에 도착했다. 동남쪽에서 서북쪽까지 18개 산맥을 넘고 24개 강을 건넜다. 지도부가 온존했고, 장제스의 최후 일격을 장쉐량이 병간(兵諫)을 일으켜 저지하는 운도 있었다. 그렇게 만들어진 해방구에서 님 웨일스는 김산을 인터뷰하여 『아리랑의 노래』을 썼고, 에드거 스노는 『중국의 붉은 별』을 써서 마오쩌둥을 세상에 드러냈다. 류사오치는 『지리산』과 『소설 남로당』의 남로당원들이 교과서로 달달 외우는 「공산당원 수양론」을 썼다. 중국 공산당은 3월(March)을 싫어한다. 혹독했던 Long March(대장정)가 사무쳐서이다.

지리산은 아무리 3개 도에 걸쳐 있는 거산이고 육산(肉山)이라 해도 고립무원의 공간이다. 북한의 지령만 있을 뿐 무기나 군량 지원도 없고, 지역 주민의 지지는커녕 치솟는 원성으로 해방구는 언감생심이었다. 지리산에 가면 살길이 트인다는 이현상의 인식은 참으로 안이했다. 그럼에도 정작 옌안까지 다녀왔던 김태준은 문화공작대를 조직, 지리산행을 감행하여 많은 문인을 사지로 몰았다. 김태준은 이희승 등과 조선어문학회를 결성하고, 20대에 『조선 소설사』를 쓴 천재 학자다. 한문학과 국문학을 연결해서 한국 문학사를 정립했고, 훈민정음해례본을 찾아 간송 전형필이 매입 보존하도록 했다. 경성콤 그룹에 가입하여 옥고 치르고 병보석 중 부인과 함께 옌안으로 갔다가 해방 후 걸어서 귀국했다. 대륙을 횡단하며 옌안과 서울을 왕복했으면서도 중국 공산당 대장정과 남로당 지리산 투쟁의 차이를 체감하지 못했다면 혁명가로선 부적격이다. 『지리산』엔 김태준과 하준규, 박태영이 혁명과 학문을 두고 토론하는 대목이 있다. 결론은 학자로선 일류이나 투사로선 전혀 아닌데, 굳이 유진오 등 문인을 이끌고 이현상 부대에서 공작하다 체포 처형된다. 유진오는 해방 후 1호 필화 사건을 겪은 시인이다.

나림은 지리산의 의미를 이렇게 정리한다. 해방 직후부터 1955년 마지막 빨치산 박태영이 자결할 때까지 꽉 차게 10년 동안 지리산은 민족의 고민을 집중적으로 고민한 무대였다. 숱한 청년들이 공비(共匪)를 토벌하다 죽었고 더 많은 청년이 공비로 죽었다. 그 원인을 규명하자면 조선공산당의 무모함이 가장 큰 요인이다. 조선공산당은 시종 착오의 연속이었고 처절하게 실패했다. 그 결정적 대목이 바로 지리산이다.

조선공산당이 철저하게 실패작인 이유를 나림은 박헌영 일당의 처단으로 설명한다. 김일성 일당은 박헌영, 이승엽 등 남로당계를 미국 스파이로 몰아 처형했다. 만일 박헌영 일당이 정말 미국 스파이였다면 남로당과 남로당 지휘를 받은 빨치산은 스파이에게 놀아난 집단이 된다. 만일 사실이 아닌데도 조작한 것이라면 그건 가공가소(可恐可笑)할 일이다. 사실이어도 난감하고 사실이 아니라면 더욱 난감하다. 어이없는 만화 같은 스토리다. 명분을 스스로 액살(縊殺)한 그 집단의 선동과 조종을 받아 그 많은 청년이 공비로 죽었다면 언어도(言語道)가 단(斷)할 일이다. 기막힌 천재성을 지닌 친구와 두터운 인간성을 지닌 친구가 대성할 가능성을 잃고 그 놀음에 희생되었다. 천재 친구는 "대한민국이 나를 용서한다 해도 나는 나를 용서할 수 없다"라며 산에서 죽었다. 그 억하심정으로 나림은 『지리산』을 썼다.

  나림은 자칫 빨치산이 될 뻔했다. 해인사에서 출가하려고 수도하던 때 대규모 빨치산이 내습하여 물자를 약탈하고 경내에 머물던 학생들을 동원 짐을 지웠다. 나림도 짐을 지고 따라나서야 하는 대목에서 나림을 알아본 후배 빨치산이 구실을 붙여 빼주었다. 『지리산』에 그 대목이 소상하다. 그 탓인지 나림은 고향에서 국회의원 출마했을 때 빨치산 출신이란 흑색선전에 고전했다. 심지어 상대 후보는 지리산 빨치산 동지 일행이 이병주를 지지한다는 삐라를 조작하기도 했다. 당시의 어처구니없는 상황이 단편 「패자의 관」에 상세하다. 사실 확인도 제대로 하지 않은 평론가가 나림이 빨치산이었다고 썼다가 광화문 대로에서 나림에게 따귀 맞은 일도 있었다.
  좀체 성내지 않고 후배 문인들에게 마냥 너그러웠던 나림이 빨치산 문제에 관한 한 정색하고 단호했다.

해방의 날 그 웅장한 프롤로그
『산하』 1

흥미를 일으키는 서론은 어떤 작가든 노심초사하는 대목이다. 서장(序章), 즉 프롤로그의 첫 구절은 작가의 의지와 능력이 집중되고 의도가 압축된 대목이다. 특히 두괄식(頭括式)으로 이야기를 전개하는 작가라면 더욱 공을 들이는 대목이다.

"행복한 가정은 대체로 어슷비슷하다. 불행한 가정은 모습이 제각각 불행하다." 톨스토이의 『안나 카레니나』 첫 구절이다. 가와바타 야스나리의 『설국』은 "국경의 터널을 빠져나오자, 설국이었다. 밤의 밑바닥이 환해졌다."로 시작한다. 알베르 카뮈의 『이방인』은 "오늘 엄마가 죽었다. 아니, 어쩌면 어제였는지도 모른다."라며 운을 뗀다. 오르한 파묵의 『순수 박물관』 첫 문장은 "그때가 내 인생에서 가장 행복한 순간이었다는 것을 몰랐다. 알았더라면 그 행복을 지킬 수 있었고, 모든 게 다르게 전개될 수 있었을까?"이다. 이상은 『날개』를 "박제가 되어버린 천재를 아시오?"라고 도발하며 시작한다. 김훈은 『칼의 노래』에서 "버려진 섬마다 꽃이 피었다."라고 서두를 열었다. 명사, 형용사, 부사, 조사를 두고 작가가 숱한 밤 했을 고뇌를 절감한다.

나는 나림 이병주의 대하소설 『산하』만큼 스케일이 크고 의도가 선명한 서장을 보지 못했다. 1945년 8월 15일, 한국이 해방과 광복을 맞은 날이다. 한반도의 산하는 '그날' 두둥실 춤을 추고 기쁨에 겨워 소리 높이 노래했다.
'그날' 트루먼은 백악관 동쪽의 호화 침실에서 "어쩌면 내가 미국 역대 대통령 중 가장 행복한 대통령일지도 모른다."라며 기뻐했다. 스탈린은 그루지야의 장미 뿌리로 만든 파이프를 문 채 크렘린 창 너머로 백야를 바라보며 "일본군이 소련군에게 항복할 지역에 치시마 열도 전부를 포함하고, 홋카이도도 관할 하에 두어야지."라고 작정한다. 처칠은 일본의 항복을 대영제국 수상으로 맞이하지 못한 게 아무래도 서운했다. 이미 점심 먹으며 조니 워커를 반병 이상이나 마셨는데도 심기가 밝아지지 않았다. 전쟁 기간 영국을 영도한 자기를 국민이 투표로 배신할 줄은 꿈에도 몰랐다. "그러나 두고 봐라. 나는 다시 한번 수상직을 맡고 말 테니까. 스탈린의 음흉한 속셈을 가장 먼저 알아차린 내가 그냥 정계에서 은퇴할 수는 없다."라고 다짐한다. 드골은 위대한 프랑스를 만들 구상에 열중하고 있다. 앙드레 말로는 드골의 고민을 "키가 크면 슬픔도 또한 크다"라는 레토릭으로 묘사했다.

아직 동굴 신세인 마오쩌둥은 국공내전을 예상한 듯 "지금부터!"라는 메시지를 준비한다. 네루, 호찌민, 수카르노 등도 각기 나라 독립을 위해 지모를 총동원하기 시작했다. 이승만과 김구가 가장 순수한 심정으로 겨레와 조국을 사랑한 것도 바로 이 순간이 아니었을까 한다. 무한한 우연과 단호한 필연을 체험한 천하의 고수들은 나름대로 모양과 빛깔로 '그날'을 새겼다.

'『산하』'에서 나림은 '그날' 글로벌 리더들의 반응을 그렇게 상상했다. 촌철살인이다. 과연 나림만이 할 수 있는 상상이고 스케일이다. 거기에 더해 이런 대목이 이어진다. "그러나 삼각산이 춤을 추든 낙동강이 노랫가락을 부르든 우리의 이종문이 알 바가 아니었다."

소설 『산하』가 어떻게 전개될지 프롤로그의 축도(縮圖)가 클리어(clear)하고 브리프(brief)하다. 천하의 무식쟁이 도박꾼 이종문이 요동치는 해방정국에서 어지러운 국내외 정세를 업고 과연 어떤 요술을 부릴지 초장(初場)부터 흥미가 동한다. 개인사를 시대사와 연결하고, 사적 사연을 세계사적 의미와 접속하는 게 나림 소설의 한 특장(特長)이다. 고향 김해에서 내내 도박꾼으로 소일했던 '천하의 잡놈' 이종문은 해방된 날 꽹과리를 들고 앞장서서 쾌지나칭칭나네를

밤새 불렀다. 해방이 뭔지 모르지만 좋은 일인 듯하여 신도 났고 흥도 양껏 부렸다. 목이 메고 눈물이 났다. 다음날 늦은 아침을 먹다가 벼락 맞은 듯 아이디어가 떠오른다. 생전 가본 적 없는 서울에서 새로운 인생을 살아보기로 작정한다.

이종문은 상경하는 기차 안에서 처음 듣는 이야기를 귀동냥도 하고 체면 불고 묻기도 하며 마음에 새긴다. 민주주의니, 인민 세상이니 자유니 하는 낯선 용어를 듣고 여운형, 이승만, 김구 등 낯선 인물에 대해서도 듣는다. 옆자리에 앉은 귀환 동포 여성에게 마음을 뺏겨 "저 여자를 내 마누라로 삼아야 내 인생이 피겠다"라는 느닷없는 각오를 하기도 한다. 그 흑심이 호기로 이어져 허세를 부리다 역전 음식점에서 양근환 무리에게 실컷 두들겨 맞는다. 시작부터 정신을 못 차릴 정도로 현란하고 박력 있다. "아! 소설은 이렇게 꾸미는 것이구나." 싶다. 나림 전성기 펄펄 나는 필력이 독자를 흥분시킨다.

영웅이 시대를 만들까? 시대가 영웅을 만들까? 이종문은 단연 영웅이 시대를 만든다고 확신한다. 그 적나라한 예가 바로 본인이다. 『산하』를 읽으면 이종문의 뻔뻔함과 비루함에 부끄럽다가도 대담함과 충직함 그리고 어른스러움에 당황스럽다. 나는 이종문이란 캐릭터를 접하며 한 고조 유방이 겹쳐졌다. 이종문이 유방만큼 큰 인물이란 뜻이라기보다 유방의 건달기와 번번함 그리고 당대 누구도 흉내 낼 수 없는 스케일과 속셈이 기막히게 닮았다는 뜻이다.

시골의 건달 유방은 땡전 한 푼 없으면서도 고을 명사의 잔치에 거금을 쾌척하겠다고 허세를 부려 상석에 앉는다. 그 허풍에 가려진 잠재력을 본 명사는 유방을 사위로 삼는다. 유방의 천하 장악 과정에 처가와 부인은 결정적인 역할을 한다. 배짱과 흑심으로 유방은 후흑(厚黑)의 최고 경지에 올랐다.

이종문은 노름판에서 딴 돈을 '국부'로 모시기로 마음먹은 이승만에게 쌀값으로 보낸다. 이런저런 귀동냥 끝에 이승만을 무조건 지지하기로 작정한 것이다. 매달 거금을 보내겠다고 스스로 한 약속을 지키려 또 노름판에 끼었다가 급한 마음에 사술(詐術)을 쓰게 되고 엄청나게 얻어터지기도 한다. 그렇게 살신성인 쌀값을 마련하여 매달 돈암장으로 보낸다. 단독 정부 수립을 위한 사전 작업으로 미국에 직접 가서 활발하게 언론 활동을 하는 이승만에게 이종문은 달러를 송금하기도 한다. 귀국한 이승만은 장택상 등 줄 서 기다리는 인사들을 뒤로하고 이종문을 먼저 만난다. 이종문의 성공과 몰락은 이승만의 흥망과 함께한다. '아부지' 이승만을 뒷배로 거부가 되고, 의원이 되며, 재조(在朝)와 재야(在野)의 거물로 군림한다. 하지만 딱 권불십년(權不十年)이었다.

다만 무식하고 막무가내이지만 이종문은 무에서 유를 창조했다. 이종문이 국회의 가부 표결에서 비서가 알려준 부(不)가 아닌 부(否) 자에 당황하여 진땀을 흘리다 가(可)와 부(否) 사이에 점을 찍고 나왔다는 전설 같은 이야기나, 행사장에서 만세 삼창해 달라는 주최측의 요청으로 단상에 올라가 "만세삼창!"하고 외쳤다는 건 물론 창피한 일이다. 하지만 다 애교로 봐줄 수 있다. 일부러라도 팬 서비스 차원에서 하는 유머일 수도 있다. 중요한 건 이종문과 그 세대는 적어도 뭔가를 만들어 냈다는 사실이다. 그저 말만 번지르르하게 하거나 생산성 제로의 논독(論篤)으로 소일하는 베짱이가 아니었다. 좌우간에 일대의 업(業)을 이뤘다.

해방 이튿날 서울역에서 얼어터지며 시작한 이종문의 무용담은 15년 뒤 이승만 정부의 몰락으로 끝난다. 그 과정이 대목, 대목 과연 소설이다. 이종문 자신 기인(奇人)이지만 그의 폭풍 성장과 몰락 과정에 참 많은 기인과 인재가 등장한다. 식객으로 이종문을 받아준 양근환과 미스터리 무도인(武道人) 로푸심 등등 하나같이 드라마틱하다.

이종문은 흠이 많은 인물이다. 미욱한 듯 간계가 있고, 담대한 듯 야비하며, 무식한 듯 실속을 다 차린다. 하지만 이종문에게 결정적인 장점이 하나 있다. 인연을 중시하고 인재를 귀히 여긴다. 어떤 경우에라도 사람을 막다른 골목으로 내몰지 않는 어른스러움이 있다. 연적인 듯 아닌 듯 참 버거운 상대에게 선뜻 거금의 선거자금을 대주는 아량과 은원(恩怨)이 쌓일 대로 쌓인 여인을 끝까지 책임지는 의리는 사람에 대한 예의가 사라져 버린 지금 음미하고 싶은 대목이다.

6

해방정국 '난세 영웅' 품인(品人)
『산하』 2

영웅이 시대를 만들까. 아니면 시대가 영웅을 만들까. 이 오래된 질문에 대한 답이 나림 이병주의 대하소설 『산하』에 나온다. 천시(天時), 지리(地理), 인화(人和) 세 요소가 감쪽같이 상호작용해야 비로소 대사가 이루어진다. 해방정국에서 이 세 조건을 인식하고 활용하며 결국 자신의 시대를 만들어 낸 유일한 인물이 있다. 바로 이승만이다.

영웅의 시대는 공포의 시대이기도 하다. 천하가 태평하면 영웅의 공간은 없다. 영웅은 난세에 등장하여 활약한다. 영웅은 칼의 그림자 아래서 낙원을 찾는 사람이다. 만당(晚唐) 시인 조송(曹松)은 "일장공성만골고(一將功成萬骨枯)"라고 읊었다. 큰 장수 한 사람이 공을 세우는데 만 명 병사가 희생된다는 뜻이다. 영웅은 그 해골 위에 우뚝 선다. 도덕적 선악을 떠나 영웅은 기회를 포착 활용하는 능(能)과 시세를 타는 운(運)이 있어야 한다. 영웅은 자신의 결점마저 장점으로 전환하여 스스로 정세를 만들어나가는 주역이다.

해방정국 3년은 난세 중 난세였다. 외국군이 주둔하여 군정을 펴고, 미국과 소련은 덕수궁에서 만나 신탁통치를 논하는 대목에서 민족은 이념과 노선을 두고 합작과 분열을 거듭했다. 냉전이 강화되는 한 변경(邊境)에서 낯선 이념에 천착한 투사들이 무엇을 위하는지도 잘 모른 채 목숨 걸고 투쟁하던 시대였다. 정치적 열풍은 악의만으론 모자라 드디어 살의마저 품어, 장덕수, 송진우, 여운형, 김구 등 민족의 자존을 지키고 민족의 가능을 담보하는 지도자를 저격하는 테러가 난무하기도 했다. 해방은 되었으나 독립하는 과정은 참으로 험난했다.

나림은 해방정국 인물 중 심정적으로는 여운형을 흠모하고 지지했다. 두 가지 이유에서다. 첫째, 단정(單政)을 반대하고 좌우합작을 도모하려 애쓰는 노선에 동조했다. 둘째, 넉넉한 인품과 양보할 줄 아는 아량이 각박한 시대에 꼭 필요한 덕목이라 여겼다. 그런 여운형이 백주에 테러를 당하자 나림은 "한민족의 위대한 가능 한줄기가 사라졌다"라고 탄식했다. 나림의 충격과 좌절은 여운형이란 존재가 없어짐으로 인해 정치에서 센티멘털리즘이 영영 사라져 버렸다는 데 있다. "이데올로기와 조직에선 공산당처럼 철저하지 못하고, 목적을 위해 수단 방법 가리지 않는 과감성에선 우익 정당을 따라갈 수 없으며, 게다가 배후에 미국도 소련도 없는 정당을 카리스마 하나로 끌고 가던 전원(電源)이 사라졌다."라는 게 나림의 안타까움이다. 여운형의 의미는 공산당을 반대하는 좌익과 이승만 노선을 반대하는 우익을 연결하는 직선을 직경으로 원을 그리고 그 원 안에 양심적인 지식분자를 모으는 것인데 그 온건 중립의 기회가 날아가 버렸다. 중도의 정치 실험 가능성이 맥없이 꺾여버린 것이다.

해방정국에도 여론조사가 있었다. 정확도가 어느 정도인지 확신할 수 없으나 당시 시중의 여론과 지식인 사회의 공론을 어림짐작할 수는 있다. 선구회가 서울의 105개 정치 사회 문화단체와 학교에 설문지를 배포하여 물었다. "가장 뛰어난 지도자는 누구인가?"라는 설문의 결과는 여운형 33%, 이승만 21%, 김구 18%, 박헌영 16%이다. "최고의 혁명가를 지명하시오"에는 여운형 20%, 이승만 18%, 박헌영 17%, 김구 16%라고 답했다. 그런데 "대통령에 적합한 인물은 누구인가?"라는 세 번째 설문의 결과가 흥미롭다. 이승만 44%, 김구 30%, 여운형 8%다. 지도자로는 여운형을 선호하지만, 현실적으로 이승만 대통령을 예상하고 있다는 뜻이다. 조선여론협회는 서울의 행인 왕래가 가장 많은 거리 3곳에서 "누가 최초의 대통령이 될 것인가"하고 물었다. 6,716명이 응답한 결과는 소수점 빼고 이승만 29%, 김구, 김규식, 여운형 각각 10%였다.

예나 지금이나 여론은 옳고 그름을 떠나 무섭다. 정작 지도자 자신은 못 보는 걸 여론은 먼저 파악하고 판단하고 있다. 여론은 자신(自信) 있고 기백(氣魄) 강한 리더를 추수(追隨)한다. 정치는 언제나 승자의 정치다. 나럼은 "민중은 망설이며 주저주저하는 사람을 지지하진 않는다"라고 단언한다. 여론이 지성을 이기는 이유다.

정치학자 이정식은 논문「해방기 한국 정치 지도자 4인에 관한 연구」에서 이승만, 김구, 김규식, 여운형을 이렇게 비교했다. 이승만은 카리스마 유형이다. 자의식과 우월감이 강하다. 독선적이고 이분법적 사고를 하며, 선악과 적아(敵我) 구분이 선명하다. 대중 동원과 선동에 능하고 호소력 있다. 여운형은 코디네이터 유형이다. 코디네이터 즉 조정자는 우격다짐이나 극단을 회피하는 절충주의적 성향이다. 요란스러운 권력 행사보다 절제된 정치력을 발휘하여 세력 간 균형을 도모한다. 이승만이 카리스마를 앞세운 자기지향적 리더십이라면, 여운형은 조정 능력에 의존한 상호작용 지향적 리더십이다. 자기지향적이란 집단과 개인의 목적이 갈등하는 경우 개인을 우선시한다는 뜻이다. 상호작용 지향적이란 집단과 개인의 이익이 충돌하는 경우 절충을 중시하지만 끝내 조정되지 않으면 집단의 이익을 우선시하여 물러선다는 뜻이다.

김구도 카리스마 유형이다. 다만 이승만과 달리 임무 지향적이다. 단독 정부 수립은 내전을 초래할 수 있다는 신념에 헛일임을 알면서도 38선을 넘어 김일성을 만났다. 남한만의 선거에 국민 91%가 투표했음에도 외면하고 참여를 거부했다. 나림은 "방법 없는 애국"이란 표현으로 김구의 선택을 안타까워한다. 남북협상이 실패했으면 38선에 누워 목숨을 걸었어야 한다. 선거가 있으면 본인도 출마하고 동지들이 대거 당선되도록 유세했어야 한다.『산하』의 이종문 같은 민중은 난생처음 직접 대의사(代議士)를 뽑는다는 기대에 남로당의 집요한 반대에도 불구하고 긴 줄을 서서 투표했다. 이동식 같은 비판적 지식인은 단정에는 반대하지만 그래도 "남한에 공산당을 지지하는 사람이 그다지 많지 않다는 표시만으로라도" 투표장에 나갔다. 이승만 노선에 반대하여 절연한 양근환의 수하이면서도 문창곡과 성철주는 이동식과 같은 이유로 투표했다. 그게 당시 민심이었다. 고립을 자초한 김구의 비극은 방법을 갖지 못한 정치가의 비극이다. "명분만 있지, 실질적 전망이 없다. 방법론이 없다." 포부는 구체적인 방법을 제시해야 비로소 정치사상이 될 수 있다. 정치와 양심과의 배치(背馳), 김구의 한계였다. 무력을 갖지 않은 예언자의 말은 통하지 않을뿐더러 되려 비운을 만드는 화근이 될 뿐이다.

김규식은 고결한 이상주의자 유형이다. 문학가 형(Literati type)이라고 할 수도 있다. 나림은 남북협상에 참여했던 송남수의 입을 빌려 "김구 선생은 지사일 뿐이고 김규식 박사는 학자, 기껏 말해서 정치학자야. 좋든 나쁘든 정치가는 이승만인 것 같애."라고 한다. 6.25 날 우이동 산장에서 5.10 선거에 낙선한 동지들과 야유회를 하던 김규식은 "Lavish green, Miserable country."란 시를 짓는다. 풍성한 녹음(綠陰)에 반해 빈약한 조국을 안타까워하는 마음뿐, 방법론이 없기는 역시 마찬가지다. 불모의 미덕이고 상상력의 빈곤이다. 미군정의 은근한 지지를 받았지만, 정작 하지 중장을 비판하고 군정 정책을 비난했던 이승만의 전략을 당해내지 못했다.

해방 이후 전개된 상황을 정리하면 시시비비를 떠나 정세 판단에 이상한 현상이 발생한다. 두뇌가 명석하고 성과 열을 겸전한 송남수의 판단은 전부 빗나가고, 식(食)과 색(色)에 몰두하는 단순 무식 이종문의 판단은 척척 들어맞는다. 여운형과 김규식을 수행했던 송남수는 아무런 보람없이 아웃사이더로 시대의 흐름에 비켜서 있다. 욕심도 없고 독기도 없는 옥인(玉人)이란 평가가 과연 칭찬일까 싶다. 이승만에게 모든 걸 걸었던 이종문은 승승장구 정계와 재계의 중심이 된다. 나림의 고민이다. 재치와 도덕의 괴리이고 권력 정치와 양심의 배치라고 하고 말기엔 또 상황이 너무 복잡다단하다.

해방정국은 초대 주한대사 존 무초의 회고대로 "복잡한 국제정세에 대한 높은 이해력과 미래 정세에 대한 탁월한 통찰력을 가졌으며, 언제든 게릴라 본능이 표출되는 강력한 의지력의 소유자 이승만"의 구상대로 진행되었다. 시대를 주도한 영웅 이승만과 일자무식 잡놈 이종문을 병렬한 나림의 소설 『산하』는 사회과학 텍스트로 천하일품이다.

『산하』의 인물 열전(列傳)
『산하』 3

희귀한 재능을 가진 사람이 있다. 희귀한 품성을 지닌 사람도 있다. 나림 이병주는 희귀한 인물을 좋아했다. 자신 희귀한 인물이다. 대하소설 『산하』는 희귀한 인물 열전이다. 희귀한 인재는 어느 시대 어느 공간에서나 귀하다. 『산하』에 그들이 있다.

『산하』가 남긴 기막힌 아포리즘이 있다. "태양에 바래면 역사가 되고, 월광에 물들면 신화가 된다." 나림은 희귀한 자질과 품성을 가졌으나 역사에 기록되지 않은 인물들을 어스름 달빛에라도 비추어주려 했다. 테러리스트 문창곡과 로푸심이 바로 그런 인물이다. 안 되는 줄 알면서도 해야 할 일이니까 애써 하는 양심가 정치인 송남수와 비판적이지만 반듯한 철학자 이동식도 그런 인물이다. 단순 무식한 이종문의 좌충우돌 행적에 때로는 브레이크 역할로 때로는 향도(嚮導) 역할로 대하드라마 『산하』를 풍성하고 격 있게 하는 캐릭터들이다. 다 실존 모델이 있는 인물들이다.

나림 작품엔 테러리스트가 많이 등장한다. 사마천이 『사기』에서 황제의 절대 권력 군권(君權)과 재야 유협(遊俠)의 협권(俠權)을 병렬한 것과 같은 맥락이다. "복수의 정열은 소중한 것"이라는 신념을 가진 나림은 로푸심의 협기(俠氣)를 상찬하고 테러를 긍정한다. 로푸심은 등장부터가 드라마틱하다. 8.15 1주년 행사가 좌우로 갈라져 따로 열리는 날, 서울 시내는 땀과 함성과 다툼으로 요란했다. 현실에 무심한 듯 북악산 계곡에 오른 로푸심은 정한(精悍)한 무술을 다듬는다. 오로지 부친의 원수를 갚기 위한 준비다. 부친은 성공한 실업가였으나 중국에서 동포 마약상 밀정에게 처참하게 살해된다. 그 밀정은 해방 후 귀국하여 은신한다. 로푸심은 기어이 찾아내 복수하고 시내 한복판에 죄상을 적은 팻말과 함께 시신을 전시한다.

갚음, 보(報)는 사람살이의 기본이다. 은원은 갚아야 한다. 은인에겐 보답해야 하고 원수에겐 복수해야 한다. 로푸심의 인생, 그 갚음을 위한 삶이다. 갚음은 성공한다. 다만 이후 삶의 의미를 찾지 못한 로푸심은 미국 홍콩 대만을 떠도는 노마드로 산다. 그가 마지막으로 의미를 찾은 건 북악산에서 만났던 친구 이동식의 안온한 가정을 지켜주는 일이다. 우정과 조국을 위한 처음이자 마지막 봉사라는 명분으로 로푸심은 인천상륙작전의 전초부대를 지휘하다 월미도에서 산화한다.

문창곡은 협객이다. 협객 양근환을 도와 '혁신 탐정사'를 운영한다. 김두한이 형님으로 모시고 장택상, 조병옥이 함께 일하자고 권유하지만, "욕심도 독기도 없는 호인"이다. 경찰서장에 추천하려 해도 재야가 편하다며 출사를 거절한다. 늘 장기를 두는 상대에게 세 수든 다섯 수든 물려달라는 대로 물려준다. 금전에도 무심하다. 탈속과 허무가 몸에 배어있지만 따듯하다.

도저히 테러리스트 같지 않아 이종문이 술기운을 빌어 테러에 대해 묻는다. 문창곡은 "가치가 제대로 보람을 다하지 못하는 사회에선 테러가 필요하다. 나라와 백성을 위해 죽어줘야 할 사람이 있다. 다만 대의를 위해 죽일 작정을 한 사람은 자신도 죽을 각오를 한다. 내 생명과 그 생명을 상쇄한다는 뜻이다." 문창곡은 테러가 성사되고 자신은 용케 목숨을 부지했지만 그건 덤으로 사는 인생이라며 아무런 야심과 악의 없이 적덕(積德)하며 지낸다. 그런 희귀한 인물이 6.25 전쟁 중 공산군에게 잡혀 처형된 양근환과 같은 신세가 된다.

송남수는 "군자는 때를 얻으면 수레를 타는 귀한 몸이 되지만 때를 얻지 못하면 떠돌이 신세가 되고 마는 것"이란 사실을 증명하는 인물이다. 머리 좋은 건달이 주도하고 수기응변(隨機應變)에 능한 꾀돌이가 득세하는 세상에서 양심적인 먹물이 설 자리는 딱히 없다.

난세는 당위(當爲)가 아닌 실존만이 발언하는 시대다. 송남수는 게릴라식 생존 본능이 번득이는 공간에서 양심과 정의를 외는 외톨이다. 니체가 사랑했고 나림이 애틋하게 여긴 "힘에 겨운 일을 하다가 좌절한 인물"의 전형이다. 송남수는 김구, 김규식을 수행해 남북협상에 참여했던 송남헌이 모델이다. 여운형의 지우를 얻었고 최근우, 엄항섭 등 좌우에 걸쳐 동지가 많았던, 시대의 지성이다.

"정의엔 양쪽에 꼬리가 달려있다. 힘이 센 쪽으로 끌려간다."라는 세태에 송남수는 번번이 힘이 약한 쪽으로만 힘을 보태니 고달프다. 이종문은 그나마 힘이 센 쪽으로만 붙어 10년 영화를 누린 탓에 4.19와 5.16 후 몇 년의 수감생활이 억울하지만은 않다. 만개했던 꽃은 '화무십일홍(花無十日紅)'을 감수한다. 하지만 송남수가 번듯한 보람 한번 없이 이종문보다 더 오랜 영어(囹圄) 생활을 한 건 현대사의 비극이다.

소설 끄트머리의 3.15 시위 현장에서 이종문이 당하는 난리는 리얼리티가 강렬하다. 선거 결과엔 무관심한 채 '음식남녀(飮食男女)'에만 집중하는 현직 의원 이종문이 오동동 기생집에서 겪는 난리는 블랙 코미디다. 모든 기생이 시위하러 나간 텅 빈 술청에 앉아 있다가 허둥지둥 도망가는 모습이 '웃프다'. 권불십년(權不十年)이라고 영화 부귀의 한 정점에서 순식간 나락으로 떨어지는 대목도 실감이 나지만 경찰과 학생 시민 그리고 기자가 엉킨 현장의 묘사가 박진감 넘친다. 나림이 편집국장으로 지휘한 국제신보 기자들의 목숨 건 취재와 기록 덕분이다.

이동식은 나림의 분신이다. 쑤저우에서 학병으로 복무한 경력, 상하이에서 이상정 장군 등 애국자와 장병중 등 애국자연(愛國者然) 하는 밀정을 만난 일, 승려 출신 정치인 김법린과 인연, 좌우 투쟁에서 좌와 우를 아우르려다 양쪽에서 다 돌을 맞고 고초를 당하는 경우 등 나림의 경험이 상당 반영되어 있다.

기막힌 인물 4인은 무식쟁이 잡놈 이종문이 사회적으로 성장하고 인격적으로 성숙해 가는 과정에 향도 역할을 한다. 로푸심은 채찍을 휘두르고, 문창곡은 푸근한 형님처럼 감싸며 이끌어준다. 겁 없는 이종문에게 유일하게 무서운 사람이 로푸심이다. 세상에 대통령 '아부지'보다 더 무서운 존재가 있다는 사실이 이종문으로서도 미스터리다. 생사를 쥐고 흔들었던 그 눈빛과 무술이 당장 두려운 것이다. 이동식은 망년지우(忘年之友)로 좋으나 굳으나 늘 옆에서 격려하고 위로하고 충고한다. 부드러우면서도 꺾이지 않는 옥인(玉人)이다. 송남수는 연적(戀敵)으로는 라이벌 의식을 느끼지만 고상함과 지성을 배우고 싶은 선생이기도 하다.

이종문의 폭풍 성장은 물론 이승만 '아부지' 덕택이 결정적이지만, 인간적 성숙은 이 네 사람의 향도를 기꺼이 따른 결과다. 이들이 아무리 대단해도 외면하면 그만이고 이들의 의견이 아무리 시의적절하고 반듯해도 경청하지 않으면 소용없다. 하지만 이종문은 흔쾌히 충고를 듣고 기꺼이 교제를 이어간다. 그 넉살과 비위 그리고 심태(心態)는 이종문만이 가진 장점이다. 쉽지 않은 내공이다. 물론 이종문의 축첩과 뇌물수수 그리고 이승만 정권 연장을 위한 막무가내 행태 등 때문에 우정에 문제가 생기기도 한다. 하지만 우정은 우정, 노선은 노선, 그리고 인간적 결점은 결점이다. 노선 차이와 인간적 결점마저 품는 게 우정이기도 하다.

나는 진화를 믿지 않는다. 진화는커녕 오히려 퇴화해 가는 것 같다. 적어도 나의 세대가 부모 세대만 못한 건 틀림없다. 1920년대에 태어나 식민지 시대를 겪고 해방정국과 전쟁을 이겨냈으며 폐허에서 유(有)를 만들어낸 부모 세대는 그 모진 세태에서도 정이 있고 품이 컸었다. 못 살았어도 뜨듯함이 있었고, 나아질 것이란 기대와 희망이 있었다. 우리는 묵묵히 힘든 세월을 이겨내신 부모 세대를 존경하며 자랐다.

『산하』를 읽는 내내 나는 부끄러웠다. 세대 탓 남 탓할 것 없다. 나의 각박함과 왜소함만 걱정하면 된다. 나림이 『산하』에서 그린 인물 열전, 하잘 데 없는 나의 문제에 매몰되어 너른 세상을 제대로 보지 못하는 좀스러움에서 벗어나게 하는 통렬한 자극이다.

아! 그립다. 기인(奇人)과 대인의 시대. "살아 있는 사람은 일단 산을 내려가야 한다. 이 땅에 생을 받은 사람이라면 좋거나 나쁘거나,

잘났거나 못났거나 모두 이 산하로 화(化)하는 것이다." 나림의 실록 대하소설 『산하』 엔딩이다.

이병주의 트라우마 학병
『별이 차가운 밤이면』 1

누구나 상흔을 안고 산다. 나림 이병주에게는 20대 초반 일본군 졸병에 자원했다는 사실이 평생 상흔이었다. 나림은 1979년 쓴 에세이에서 "나는 해방 전 24년을 살았고, 해방 후 33년을 살았다. 해방 전 24년의 마지막이 일본의 용병이었다. 10년 남짓 모교와 대학에서 영어, 프랑스어, 철학을 가르쳤으나 용병 콤플렉스로 한 번도 교사다운 위신을 떨쳐보지 못했다."라고 회고했다. 나림에게 평생 트라우마(정신적 육체적 상처)이자 콤플렉스가 학병 체험이다.

사람이든 사물이든 "불평즉명(不平則鳴)"이다. 당대(唐代)의 대문장가 한유는 "평안하지 않으면 누구나 아프다는 소리를 낸다"라고 했다. 글을 쓰는 것은 불평(不平)을 해소하고 평정을 얻는 아주 유용한 방법이다. 나림의 '다작(多作) 다이나믹스' 하나가 학병 체험인

건 분명하다. 나림은 첫 연재소설 『내일 없는 그 날』부터 『관부연락선』, 『지리산』, 『산하』 같은 장편 소설과 「변명」, 「8월의 사상」, 『세우지 않은 비명』 등 중단편, 그리고 미완성 유작 『별이 차가운 밤이면』까지 학병 이야기를 계속한다. 주인공 모두 학병 체험의 부끄러움을 평생 안고 산다.

  자전 에세이 같은 단편 「8월의 사상」엔 이런 대목이 있다. "용병을 자원한 사나이. 제값을 모르고 스스로를 팔아버린 노예. 먼 훗날 살아서 너의 집으로 돌아갈 수 있더라도 사람으로서 행세할 생각을 말라. 돼지를 배워서 살을 찌우고 개를 배워서 개처럼 짖어라. 죽을 때 너는 유언이 없어야 한다. 노예 같지도 않은 노예는 멸하여 없어질 뿐이다." 나림은 끝내 자신의 비굴함을 용서하지 않았다.

  나림의 학병 체험은 정신적 상처로 그치지 않았다. 나림은 군에서 부상으로 오른손 가운뎃손가락 한 마디를 절단했다. 중국 쑤저우 주둔 60사단은 치중대 즉 군수부대였고, 나림은 군마 사육 담당이었다. 말 관리를 하다 손가락을 다쳐 파상풍 감염으로 장애가 생긴 것이다. 나림은 자신의 두형문(頭形紋) 둥근 지문이 운을 좋게 한다고 믿었다. "하지만 손가락 한 마디를 자르는 순간부터 내 운명은 뒤틀리기 시작했고, 행운과 복 일부가 날아갔다."라고 여겼다. 나림은 정신적 육체적 상처를 깊이 남긴 학병 시절에 대해 평생 죄의식을 느꼈고, 노예 같지도 않은 자신을 용서하지 않았다. 그리고 누구에게도 화내지 않겠다는 불노(不怒)의 사상을 다짐한다. 나림은 우발적이고 비합리적이며 규칙 없이 우연적인 운명을 너그럽게 대하기로 한다. 운명과 섭리라고밖에 할 수 없는 삶의 부득이함을 관대하게 수긍했다. 자신의 기준으로 타인을 재단하지 않고, 웬만해선 수용하는 그래서 성내지 않는 태도를 견지했다.

학병을 자원했어도 일본군 부대를 탈출한 사람도 있다. 김준엽과 장준하는 충칭까지 가서 광복군에 가담했고, 신상초는 팔로군 지역에서 조선의용군에 입대했다. 이들이 쓴 『장정』, 『돌베개』, 『탈출』은 이른바 3대 학병 탈출기다. 세 사람은 평북 출신이라는 공통점이 있다. 학병 탈출 1호는 김준엽이다. 쉬저우에서 탈출해 국민군 유격대를 거쳐 광복군에 편입했다가 OSS(미국 전략첩보국이다. 전후 일부 기능과 인력을 기반으로 CIA와 그린베레가 만들어진다.)의 한반도 극비 침투 작전 이른바 '독수리 작전' 훈련을 받았다.

학병 입소자 4,385명 중 197명이 탈출했다. 김준엽과 신상초는 중국행 군용열차 안에서 탈영 계획을 세워 목숨 걸고 실행했다. 나림은 탈출은 생각도 못 했다며 심히 부끄러워했다. 같은 기차를 탔지만 나림은 밤새 민요를 부르다 눈물을 흘렸을 뿐이라며 자괴(自愧)한다.

주로 중국 주둔지에서 탈출했으나 버마 전선에서 탈출하여 영국군에 투항한 경우도 있다. 『모멸의 시대』를 쓴 박순동이다. 버마에서 인도로, 다시 미국으로 이동한 박순동은 OSS의 훈련(NAPKO 프로젝트)을 받은 19명 한인 요원과 함께 한반도, 만주, 일본 등지에 침투할 준비를 한다. 그 요원 중엔 쉰 살의 유일한(유한양행 창업자)과 이승만 비서 장석윤도 있었다. 작전 투입 전 일본이 항복하자 박순동은 일본군 포로 신분으로 하와이 수용소에 갇혔다가 귀국한다. 어디에서도 제대로 대우받지 못한 '모멸의 시대'였다. 박순동 스토리는 워낙 드라마틱하여 두 대하소설의 모델이 된다. 김성종의 『여명의 눈동자』 장하림과, 조정래의 『태백산맥』 김범우다. 박순동은 조정래의 외삼촌이다.

징병을 아예 거부하고 심산에 은거하거나, 만주로 도피, 또는 탄광에서 신분을 숨기고 버틴 경우도 있다. 학병 징집을 거부하다 강제 징용된 학생도 있다. 양호민, 한우근, 계훈제 등이 그들이다. 시인 김수영은 만주로 도피했었다.

학병 소설의 효시는 1955년 선우휘가 쓴 『불꽃』이다. 다만 선우휘는 학병 세대이긴 하나 사범대여서 징병 대상이 아니었고, 『불꽃』도 간접 체험이다. 학병 세대가 아니었던 김동리의 『자유의 역사』와 「등신불」에도 학병 이야기가 나온다. 두 학병 모두 현지에서 탈출하여, 하나는 곡절 끝에 충칭에 당도 순직한 부친의 동지 유림을 만나 아나키즘을 배우고 다른 하나는 혈서까지 쓰는 모진 각오 끝에 깊은 절에 숨어 지낸다. 나고야 수송연대의 운전병으로 근무했던 한운사는 『현해탄은 알고 있다』를 썼다. 하지만 그 어떤 학병 관련 작품도 나림처럼 시종 자괴감과 죄의식으로 일관하는 경우는 없다.

『별이 차가운 밤이면』은 아주 색다른 학병 이야기다. 이 작품의 시작은 "네가 너를 알리라. 네가 네 원수라는 것을!"이다. 복수를 위해 기꺼이 사갈(蛇蝎, 뱀과 전갈)이 되기로 작정한 한 남자의 오기와 집념이 강렬하다. 그 남자는 도쿄제국대 법학과를 다닐 정도로 명석하고 도쿄 번화가에 당구장을 차려 매월 교장 월급의 6배 수입을 올릴 정도로 이재에 밝으며 "중국 전통 복장 창파오(長袍)와 양복이 다 잘 어울리는 타이론 파워를 닮은 미남자"로, "현실적 인간으로서의 승리를 노리는" 인물이다.

현실적 인간으로 승리만 노린다는 건 도덕, 체면, 경우 다 안 따지고 그저 목표만 지향하며 산다는 뜻이다. 머리 좋고 인물 좋고 계산적이며 인연을 수단으로 활용하는 재능을 가진데 더해 사갈의 독기마저 품고 있는 사나이. 나림이 만들어 낸 또 하나의 독특한 캐릭터다. 거기에 더해 이 남자는 심각한 신분 콤플렉스가 있다.

『관부연락선』,『지리산』,『별이 차가운 밤이면』을 학병 3부작이라고 부른다.『관부연락선』은 엘리트 학병 유태림 이야기이고,『지리산』은 학병 거부자 '신판 임꺽정' 하준규과 역시 학병 거부자인 마지막 빨치산 박태영 이야기다. 유태림과 하준규는 대지주 집안의 자제이고 박태영은 자작농 정도로 생활 수준의 차이는 있지만, 두 작품 모두 신분의 차이 같은 개념은 없다. 그런데『별이 차가운 밤이면』의 박달세는 머슴 아들 즉 종의 자식이다. 종의 자식이지만 친부는 모친의 주인 최진사다.

최씨 집안의 이름을 굳이 거부하고 의부의 성을 고집하는 박달세는 불과 다섯 살의 별이 차가운 어느 밤을 기억하는 애어른이다. 소싯적 주인댁의 모진 학대와 수모를 견디며 보통학교에서 압도적 성적으로 상전인 이복형제를 누른다. 일본에서 고학으로 야간 중학을 거쳐 명문 고등학교에 진학한다. 이 시기 일본 고위 경찰의 도움으로 머슴 취급하던 이복형에게 큰 재산을 갈취하기도 한다. 생부 최진사의 유언을 집행하지 않는 데에 대한 보복이라고 하나 그 과정이 교묘하다. 박달세는 신세 졌던 일본 고위 경찰의 권유로 학병 대신 상하이에서 일본 정보장교 엔도오 대위의 체신(替身, 대리 역할) 노릇을 한다.

『별이 차가운 밤이면』은 나림의 학병 3부작 중 가장 스케일이 크고 가장 역동적이다. 무엇보다 신분이란 전혀 색다른 요소가 가미되어 흥미를 배가한다. 나림의 작품답게 사실의 허구화와 허구의 사실화가 천의무봉으로 엮인 소설이다. 그 흥미진진하고 박진감 넘치는 이야기가 미완성 유작으로 그친 게 너무나 안타깝다. 이 작품은 계간지 『민족과 문학』의 창간호인 1989년 겨울호부터 1992년 봄호까지 2년 반 동안 10번 연재했다. 1부는 주인공의 어린 시절과 도쿄 유학 시절, 2부는 상하이 시절 이야기다. 3부에선 해방 전후 이중 삼중 국적으로 산 박달세의 정체성 위기, 그리고 새로운 선택 이야기일 텐데 가장 궁금한 대목에서 중단됐다.

같은 학병 이야기라도 『관부연락선』의 부끄러움과 『지리산』의 의분과 달리 『별이 차가운 밤이면』에는 증오, 오기, 복수, 그리고 극적 변신이 있다. 나름의 학병 이야기에 다소 거리두기의 여유가 생긴 느낌이다. 자기 반성문의 절절함이 덜하고, 더 소설 같다. 독자로선 그만큼 부담이 적고 이야기에 더 집중할 수 있다. 그 작품이 미완성 유작이라니, 도저히 메울 수 없는 아쉬움이다.

미완의 유작
『별이 차가운 밤이면』 2

상하이(上海)는 이름 그대로 바다를 향해 열려 있는 도시다. 상하이는 바다와 땅을 잇는 가교다. 열린 가교였던 만큼 상하이는 근현대사의 온갖 영욕이 집중된 공간이다. 1945년 나림 이병주는 "몇 꺼풀을 벗겨도 알맹이가 나타나지 않는 도시" 상하이에서 "극단한 호사와 극단한 빈곤이 공존하고, 도시가 가질 수 있는 죄악의 목록을 골고루 갖춘 도시"를 체험한다.

나림은 상하이에서 약 반년을 체류했다. 1945년 9월부터 이듬해 2월까지다. 일본 패전 후 쑤저우에서 현지 제대하고 동료들과 함께 무작정 상하이로 왔다. 임시정부의 여러 인사들을 만났으며, 다양한 파벌과 정당의 초대와 강요도 받았다. 나림과 동지들은 귀국 전까지는 자유롭고 활달하게 상황을 관찰할 뿐, 철저하게 비참여 중립 입장을 취하기로 다짐했다.

의협(義俠) 기업인 채기엽과 우연히 맺은 인연으로 100명이 합숙할 공간을 얻는 등 별 불편 없이 지내며 국제도시 상하이를 탐구하기도 하고 주변의 명승고적을 유람하기도 했다. 나림은 망명 러시아 귀족 등 다양한 경험의 인사들과 교류하고, 일본군 간첩이 순식간에 애국자로 표변하여 거들먹거리는 사례를 보며 역겨움과 분노를 느끼기도 한다. 단편 「변명」의 장병중과 장편 『산하』의 김경재가 바로 그런 인물이다. 상하이에서 나림은 첫 창작물 『유맹(流氓) : 나라를 잃은 사람들』이란 3막 4장의 희곡을 쓴다.

나림의 상하이 감상(感想)은 이렇다. "동양과 서양의 기묘한 혼합, 옛날과 지금의 병존, 각종 인종의 대립과 그 혼혈. 호사와 오욕의 선명한 콘트라스트. 전 세계의 문제와 모순을 집약해 놓은 도시. 1945년의 상하이, 한국 사람들이 주인이 없는 틈을 타서 주인인 척 설친 것은 허파가 뒤집힐 정도로 우스운 노릇이나 꼭 기억해 둘 만하다." 나림의 상하이 체험은 여러 작품에서 다양한 공간과 인물을 이야기하는 것으로 이어진다. 은인 채기엽 사장과 상하이에서의 인연은 『관부연락선』에 상세하고, 나림이 출옥 후 서울에서 사업할 때 또 신세를 지는 사연은 『그해 5월』에 상세하다.

나림의 미완성 유작 『별이 차가운 밤이면』은 2부로 되어 있다. 2부는 상하이가 배경이다. 학병 대신 일본군 특무 장교의 체신(替身,

대역)으로 복무하게 된 박달세는 상하이 도착 첫날 자신과 유사한 운명의 여성과 인연이 생긴다. 당대 최고 스타 이채란을 호텔 일식집에서 조우한다.

이채란은 실명 리샹란(李香蘭)이다. 〈야래향(夜來香)〉과 〈소주야곡(蘇州夜曲)〉을 부른 가수이자 아편전쟁 100주년에 영국과 맞서 아편을 불태웠던 임칙서를 기린 영화 〈만세유방(萬世流芳)〉에서 빛나는 연기를 보인 배우 리샹란은 사실 일본인 야마구치 요시코다. 일본의 대중국 문화 선전의 첨병인 만영(滿映)의 공작으로 중국인을 연기하며 지냈다. 일본 제국주의가 만든 완벽한 가짜 중국인이었다. 중국 전승 후 한간(漢奸)으로 구금되었으나 일본인임을 밝혀 추방되었다. 할리우드와 홍콩에서 배우 생활을 하다가 은퇴하고, 정계로 나서 참의원 3선과 환경처 차관을 지내고 위안부 관련 단체 아시아여성 기금의 부이사장을 역임하는 등 환경 평화운동을 하며 과거를 보상하려 애썼다. 총리의 야스쿠니 신사 참배를 반대했다. 1987년 자서전 『나의 반생』에서 리샹란으로 살았던 시절이 평생 부끄러웠다고 회고했다.

리샹란의 안내로 박달세는 우찌야마 서점에서 상하이에 관한 다양한 정보를 습득한다. 우찌야마 간조는 서점을 문화 살롱으로 키우고, 루쉰을 물심양면으로 지원한 문화계 거인이다. 루쉰은 그를 "배신하지 않는 친구"라며 깊이 신뢰했다. 박달세는 우찌야마의 소개로 『사기의 세계』를 쓴 다케다 다이준을 만나 루쉰을 배우기도 한다. 루쉰의 위대함을 한마디로 표현하면 어떠냐는 질문에 다케다는, 그 한마디로 표현하라는 대목에서 당황스럽지만, 힌트 하나만 준다고 전제하고 "예술가엔 두 종류가 있다. 하나는 예술 작품을 생산하기 때문에 예술가라고 대접하는 경우이고, 다른 하나는 그 사람이 예술가이기 때문에 그 사람이 만든 것이면 죄다 예술품이 되는 경우다."라고 답한다.

상하이는 열린 도시다. 혁명가, 자본가, 지식인, 그리고 노동자와 난민이 두루 모인 다양하고 복잡한 도시다. 히틀러와 스탈린에게 쫓겨난 유대인 5만 명을 받아들이기도 했다. 홍콩상하이은행(HSBC)을 필두로 금융산업이 융성하고 영화산업도 크게 발달한다. 40개 영화사가 경쟁적으로 영화를 만들고 하루 백만 관객이 관람했다.

서울 출신 김염(金焰)이 '상하이 발렌티노'란 애칭을 얻으며 영화 황제로 군림했다. 김염은 의사 독립운동가 김필순의 아들이며, "나는 대한의 독립과 결혼했다"라며 순국한 대한민국 애국부인회 회장 김마리아의 사촌 동생이다. 항일 정신을 담은 영화에 저항적 지식인 역할을 주로 했고, 김구 등에게 독립 자금도 지원했다.

상하이는 루쉰이 딸과 함께 〈타잔〉을 봤고, 루쉰에 버금가는 작가 장아이링(張愛玲)이 활동했던 공간이다. 흑백양도(黑白兩道)를 장악한 거물 두웨성(杜月笙)의 세상이기도 했다. 『별이 차가운 밤이면』엔 상하이를 대표하는 세 인물 이야기가 다 나온다.

  장아이링은 1930-40년대 상하이의 불안감과 화려함을 독특한 문체로 그렸다. 샤즈칭(夏志淸)은 『중국현대소설사』에서 장아이링을 루쉰에 방불하는 작가라고 극찬했다. 리안 감독(〈브로크벡 마운틴〉과 〈라이프 오브 파이〉로 아카데미 감독상을 두 번 받은 타이완 감독)이 연모의 념으로 사숙했던 장아이링에게 바치는 영화라고 했던 〈색계(色戒)〉는 실화이고, 작가의 자전적 내용도 상당하다. 그 스토리를 나림은 박달세와 양미운의 러브스토리와 연결해 소개한다. 냉혹 잔인한 정보부 수장과 명문가 출신 미녀 첩보원의 은원(恩怨)은 그 어떤 영화나 소설보다 더 애틋하고 섬뜩하다. 당대의 문사이자 당대의 플레이보이였던 후란청(胡蘭成)은 『금생금세(今生今世)』에서 짧은 기간 부인이었던 장아이링을 기리는 짧은 전기를 썼다. 명문이다. 리안을 비롯한 숱한 문인 예인들이 오마주를 표했다. 리훙장의 외증손녀 장아이링은 곡절 많은 생애의 마지막을 미국에서 은둔하다 떠났다. 『별이 차가운 밤이면』의 박달세와 양미운의 관계를 유비(類比, Analogy) 하는 것이다. 미완성 부분인 3부에 두 사람의 관계에 진전도 있고 반전도 있을 터, 은원이 애틋할지 섬뜩할지 참으로 궁금하지만, 도저히 예상이 안 되는 대목이다.

  뭐니뭐니해도 요지경 상하이에 가장 어울리는 인물은 두웨성이다. 나림은 그 기막힌 인물을 이렇게 묘사한다. "무식했지만 마키아벨리 이상으로 술책에 능했다. 탈레랑 이상으로 설득력을 갖췄고,

로스차일드만큼이나 돈을 가졌고, 메테르니히 뺨칠 정도로 외교 수완을 지녔고, 그러나 본바탕은 알 카포네와 맞먹는 갱스터다." 동서고금을 막론하고 아무리 상상력이 풍부한 소설가라도 창출하지 못할 전기(傳奇) 인물이다.

마키아벨리는 이탈리아를 통일해 줄 사자와 여우의 특성을 겸비한 군주를 대망하며 『군주론』을 쓴 사상가다. 탈레랑은 나폴레옹을 지존의 자리에 올렸다가 몰락을 유도하기도 한 배짱 좋은 정치인이다. 로스차일드는 최초로 국제 금융 시스템을 구축한 금융 자본의 거두다. 메테르니히는 나폴레옹이 과도한 야심으로 어질러만 놓고 미처 수습하지 못한 유럽의 질서를 정리한 빈 회의의 주도자다. 헨리 키신저를 비롯한 역대 뜨르르한 외교관들이 롤모델로 모시는 외교의 전설이다. 이 네 인물을 하나로 합친 것만으로도 무시무시한데, 거기에 더해 두웨성은 본바탕이 갱스터다. 갱스터의 특성은 문제 해결 방식이 폭력적이라는데 있다. 아무리 우아한 듯 점잖은 듯해도 폭력 의존적이란 게 암흑가의 특성이다. 이미지는 영화 〈대부〉의 말론 브란도를 상상하면 될까 싶다. 물론 그 이상이다.

두웨성은 흑도(黑道)만 장악한 게 아니다. 중국 역사상 최고 최대 비밀결사 청방(靑幇)의 두목 두웨성은 장제스에게 다 걸었다. 북벌을 지원했고, 상하이 사변 후 상하이를 일본군이 장악하자 정보부장 다이리와 협력하여 장제스 정부에 무기와 자금을 후원하는 등

반일 비밀업무도 수행했다. 두웨성은 두용(杜鏞)으로 개명한다. 이름이 약해 보여 강렬하고 웅장한 느낌의 글자로 바꾼 것인데, 루쉰의 스승 '혁명 성인' 장빙린이 지어주었다. 당대 최고 실력자 장제스와 상부상조하고 당대 최고 지성 장빙린과 교류했던 암흑가의 황제. 흑도와 백도(白道)에 두루 통하는 강호의 리얼리티가 선명하다. 〈상해탄〉류의 영화는 그 일단을 아주 조금 보여줄 뿐이다.

  나림의 상하이 체험은 『별이 차가운 밤이면』 후반부에서 더 박력 있게 펼쳐졌을 것이다. 그 흥미진진한 이야기가 1945년 초에서 뚝 끊겨버렸다. 나림봇이란 인공지능을 만들어 나림의 작품을 딥러닝하게 하면 미완성 대목이 충족될까. 아니면 야심만만한 대필 작가를 찾는 게 나을까. 대문호의 미완성 유작은 그저 궁금해하며 그대로 두는 게 맞을까. 『별이 차가운 밤이면』은 못내 아쉬워 손에서 책을 놓을 수가 없다.

이병주의 부산 예찬송(禮讚頌)
『예낭 풍물지』

나림 이병주는 부산 시절이 화양연화였다. "내 인생 가운데 이 시기를 가장 아름답게 회상하는 버릇이 있다"라고 회고했다. 부산은 나림이 언론인으로서 보람과 영광 그리고 수인(囚人)으로서 치욕을 모두 겪은 곳이다. 만일 필화(筆禍)가 없었더라면 언론을 본업으로 하고 창작을 부업으로 하는 삶을 부산에서 살았을지도 모른다. 하지만 나림이 즐겨하는 표현대로 운명과 섭리는 천재의 가능을 엄하고 험하게 시험한다.

나림의 연대기를 공간을 따라 정리하면 이렇다. 지리산 자락, 하동, 진주, 일본 교토와 도쿄, 중국 쑤저우와 상하이, 서울, 하동, 진주, 해인사 거쳐 마산, 부산, 서대문과 부산 형무소, 서울, 뉴욕, 다시 서울. 쉰 이후엔 넉넉하고 잦은 해외여행. 종횡무진하며 곡절도

심히 겪었고 주유천하 하며 발자취도 많이 남긴 일생이다. 그 많은 공간 중 나림은 특히 부산을 사랑했고 편안해했다.

　세상엔 칸트처럼 평생 태어난 쾨니히스베르크 한 곳에서 교육받고 직장생활 하다 거기서 장수의 생을 마감한 사람도 있는가 하면 헤밍웨이처럼 미국, 유럽, 아프리카, 카리브해를 세상 좁다고 여기며 종횡사해(縱橫四海)하다 스스로 삶을 마무리한 사람도 있다. 나림의 부산 정주(定住) 기간은 6년이지만 고향이라 불렀다. 고향은 마음속의 정처(定處)다.

　나림이 부산을 그토록 좋아했던 이유는 첫 번째 바다 때문이다. 바다는 자정작용이 있다. 정화작용을 하는 바다가 있다는 안심 덕에 구원을 느끼는 것이다. 나림이 부산을 사랑했던 또 다른 이유는 언론인으로서 보람과 자부심을 만끽한 시간과 공간이기 때문이다. 교수 이병주는 녹슬지 않은 철학을 하려면 몇 해쯤 저널리즘의 바람을 쐬고 저널리즘의 바람에 바랠 필요가 있다고 느꼈다. 저널리즘의 견식으로 아카데미즘의 사상을 조명해 본다는 의도가 강렬했다. 국제신보 편집국장 겸 주필 이병주는 저널리즘의 역동성과 박진감을 양껏 발산했다. 나림은 사숙했던 에세이스트 루쉰처럼 기막힌 잡감문(雜感文)을 수없이 썼고, 부산의 독자들은 애독했다.

　나림의 작품 중 부산을 배경으로 한 소설이 많다. 부산일보에 연재한 『내일 없는 그 날』을 시작으로, 경남매일에 연재했던 『돌아보지 말라』는 마산과 부산을 오가며 진행되는 이야기이고, 다시 부산 일보에 연재했던 『배신의 강』도 부산에 애착한 이야기이다. 단편 「칸나 · × · 타나토스」는 대교동 국제신보 편집국을 배경으로 1959년 7월 31일 하루 동안 일어난 두 가지 극적인 이야기다. 그날은 조봉암 사형 집행과 부친 타계가 있었던, 나림에겐 길고 긴 하루였다. 붉고 붉은 칸나 화병이 쏟아져 깨지는 장면이 정말 상징적이다.

『예낭 풍물지』는 1972년에 쓴 부산 예찬론이다. 나림은 한 인터뷰에서 "가장 애착을 느끼는 작품이 『예낭 풍물지』다"라고 했다. 1968년 즈음의 부산이 배경이다. 상전벽해가 된 지금 57년 전의 부산 모습은 거의 남아 있지 않다. 1945년 부산 인구는 30만 명 전후였다. 1949년 47만으로 늘어난 인구는 6.25 전란 기간 부산이 임시수도가 되고 피란민이 모여들면서 1951년 84만 명으로 급증한다. 『예낭 풍물지』 시대엔 150만 명, 이 작품을 쓰던 때는 200만 명에 육박했다. 뻥튀기만 되고 아직 정비 정돈되지 않은 모습의 도시다. 『예낭 풍물지』를 따라 1960년대 말 부산의 풍물을 감상하는 것도 한 즐거움이다.

주인공 안은 살아있다는 의식과 곧 기적이 나타날 것 같은 기대로 거리를 배회한다. 기적이란 자신의 영어(囹圄) 중 떠나버린 옛날 마누라를 꼭 한 번이라도 만났으면 하는 기대다. 감옥살이 3년째 현미의 노래 〈검은 상처의 블루스〉가 끈적끈적하게 울리던 즈음 "저를 용서하옵소서"를 3번이나 쓴 편지를 받았으나 도대체 어디로 답장을 써야 할지 몰라 그땐 하지 못했던 말 "오히려 용서를 빌 사람은 나"라는 이야기를 해주고 싶어 체력이 용서하는 한 게으름 없이 거리를 헤매는 것이다.

안은 유족회 사건으로 10년 형을 받았으나 중증 폐병으로 5년 만에 풀려난 폐인이다. 유족회 사건이란 6·25 때 비명에 죽은 사람들의 유골 찾기 운동을 하던 유족 188명이 5.16 직후 강제 연행되어 불법 구금되었다가 소급입법으로 처벌된 '피학살자 유족회 사건'을 말한다. 세상이 아무리 험악해도 비명에 간 부모 형제의 유골이나마 수습하겠다는 소박한 소망을 불온하게 여겨 벌준 것은 폭력이다.

안의 겸손한 해명이다. "처음엔 단순히 유골 찾아 매장하자는 동기로 시작했으나 하다 보니 배상금, 장례비, 사과 요구까지 과격한 운동으로 번졌다. 조직을 정치적으로 이용하려는 움직임을 막으려다 더 조직 속으로 빠져들어 결국 다수 의사에 복종하지 않으면 애초 조직 파괴하려 들어 온 제5열 취급받게 된 상황이었다." 전쟁의 상흔이 참 깊다. 사자(死者)가 생자(生者)를 죽거나 다치게 한다.

안은 가끔 모친이 포장치고 장사하는 자갈치시장에 들린다. 모친의 성화로 건너편 음식점에서 생선 간과 생선국을 먹고는 해변에 즐비한 생선가게를 장군이 졸병 사열하듯 한 바퀴 돈다. "상어는 그 사나운 꼴이 아무리 잘 봐주려 해도 시카고의 갱을 닮았고, 날씬한 꽁치는 영국 왕실의 근위병, 배가 불룩한 복어는 중국인 브로커, 전어는 그 민첩한 스타일이 일본 상인과 비슷하고. 사팔뜨기가 매력이라고 역설하는 사람에게 보여주고 싶은 건 도다리, 낙지는 크나 작으나 제정 러시아 말기의 테러리스트." 비유가 기막히다. 하지만 압권은 그 누누한 물고기 시체를 봐도 육지 동물 사체를 보고 느끼는 연민과 비참함이 느껴지지 않는 이유를 설명하는 대목이다. 답은 물고기의 눈에 있다. 셀룰로이드 바른 것 같은 생선 눈엔 감정이나 호소력이 없다. "물고기의 눈은 생명력 있는 것에 대한 우리의 공감을 감쇄한다"라는 나림의 관찰에 공감이 간다.

물고기 사열을 마치면 기적을 바라는 심정으로 도심을 배회한다. 여기저기 돌아다니다 지치면 다방에 들러 쉰다. 당시 부산 원도심 중구의 인구는 10%였으나 전체 다방의 50%가 밀집해 있었다. 감옥에서 들었던 〈검은 상처의 블루스〉가 흘러나온다. 실 오스틴의 구성진 색소폰 연주곡 〈Broken Promises〉에 전혜린의 시 "그대 나를 버리고 어느 님의 품에 갔나. 가슴의 상처 잊을 길 없네. 사라진 아름다운 사랑의 그림자..."를 가사로 붙인 노래다. 여러 가수가 불렀지만, 현미의 음색이 단연 일품이다.

소설에선 나림다운 권력 비판과 풍자도 빠지지 않는다. 안의 친구 권철기는 쓰고 싶은 내용을 쓰지 못하는 기자 노릇을 하느니 소설가가 되어 호색문학이나마 양껏 써보겠다고 호언 한다. 헨리 밀러의 에로티시즘을 빌어 "태평양 깊숙한 곳에서 10피트 길이의 페니스를 가진 수컷이 산 덩어리만 한 암컷 고래와 교미하는 옆에서 오징어, 새우, 도미가 덩실덩실 춤추는 장대한 장면"을 상상하는 대목은 문자 그대로 상상을 절한다. 국제신보 기자 권철기는 안과 부평동, 광복동, 남포동 일대의 찻집에서 종종 만나 시국을 논하다가 결국 사직하고 서울로 간다. 헨리 밀러를 능가하는 에로티시즘 작가가 되었는지는 알 길이 없다.

『예낭 풍물지』는 사모곡(思母曲)이다. 일흔 노인은 회광반조(回光返照) 하지만 임종하는 아들 옆의 여인이 집 나간 며느리인지 손님으로 온 윤 씨인지 구분하지 못한다. 다만 손을 잡고 "돌아왔으면 됐다. 내가 너무 했다. 나는 안심하고 죽을 수 있다."라고 유언한다. 젊어서는 사상 운동하는 남편 옥바라지하느라 힘들었고, 아들 덕분에 10년 조손(祖孫) 3대가 행복하나 했더니, 늘그막엔 아들이 뒤늦게 행방불명된 부친 유골 찾기 운동하다 중형을 받고 몹쓸 병이 들어 폐인이 되었으니 참 기구한 일생이다.

그래도 "너 죽는 날 나도 죽는다"라며 풍비박산 난 아들의 재기를 끝까지 격려한다. 비 오나 눈 오나 동트기 전 어판장으로 나가는 것이다. 억센 생명력의 '자갈치 아지매'다. 어머니의 억척스럽고 굳센 생애는 그렇게 마감하지만, 상처투성이일망정 아들은 그 어머니 덕에 갱생의 기회를 얻는다. 어머니의 죽음은 종언의 서곡이다.

  작가에겐 고향이 없다. 고향을 객관적으로 바라볼 수 있어야 성숙한 지성이란 말이 있다. 하지만 세계 명작은 대체로 향토문학이다. 도스토옙스키에게서 상트페테르부르크를 생략할 수는 없다. 고향을 향수로만 감미롭게 느끼든, 발 닿는 모든 곳을 고향으로 삼든, 느끼고 깨달으면 바로 거기에 고향이 있는 것이고 무심코 못 느끼면 어디에도 없는 것이다. 그러니 고향은 어디에도 있고 어디에도 없다. 예낭에 대한 감상도 그런 맥락이다. 나림에게 부산은 예낭처럼 실제 이상의 실제다.

이병주의 1968년
『마술사』

1968년은 세계사적으로 의미가 큰 해다. 미국은 민권운동 열기와 반전시위가 극에 달하던 시기다. 로버트 케네디와 마틴 루터 킹이 저격당한 해다. 정치학자 드와이트 왈도는 '격동의 시기(Time of Turbulence)'라고 표현했다.

프랑스의 68운동을 비롯해 유럽 곳곳에서도 기존 질서와 권위에 반발하는 혁명적 흐름이 있었다. 68 시위의 정신적 지도자 사르트르를 체포하자는 측근의 건의에 군인 정치인 드골 대통령은 "프랑스 정부가 볼테르를 잡아넣을 수는 없다"라고 반대했다. "장군의 사상과 철학자의 사상이 같을 수는 없다"라는 신념을 가졌던 나림이 특히 흔상(欣賞)하는 대목이다. '프라하의 봄'도 그해의 일이다.

1968년 한국은 연초부터 대형 사건이 연이었다. 1월 21일 북한 무장 군인 31명이 청와대 근처 자하문 터널 앞까지 침투한 사건이 발생했다. 이틀 후엔 미 해군 정찰함 푸에블로호가 동해에서 북한에 나포되는 일도 있었다. 4월에 향토예비군이 창설되는 등 반공 정책이 강화되었고, 12월엔 반공 문구가 들어있는 국민교육헌장이 반포되었다. "우리는 민족중흥의 역사적 사명을 띠고 이 땅에 태어났다…"며 외우던 기억이 아련하다.

나림 이병주에게도 1968년은 두 가지 큰 의미가 있다. 한편 도약했고 한편 좌절했다. 우선, 소설가로서 도약의 해다. 나림은 한때 일간지와 잡지에 동시 다섯 편의 소설을 연재했던 적이 있다. 1968년은 나림의 소설 연재가 본격화한 시기다. 그해 4월부터 『월간 중앙』에 『관부연락선』 연재를 시작했고, 7월부터는 경남매일신문에 『돌아보지 말라』를 연재한다. 8월호 『현대문학』에 나림 초기 3부작의 세 번째 작품 『마술사』가 게재된다.

다음, 사업가로서 실패했던 해이기도 하다. 출옥 후 시작한 폴리에틸렌 공장은 한동안 잘 되는가 싶었는데 대기업의 덤핑으로 망했고, 불도저 서울시장 김현옥과의 인연으로 한 조립주택 사업은 모델 하우스까지 만들어 준비했으나 실패로 끝났다. 엄청난 부채가 남았고, 이후 5년에 걸쳐 갚는다. 당시의 악몽 같은 기억은 『행복어 사전』에서는 "돈 빌리러 다니는 일 없으면 괜찮은 인생이다"라는 표현으로, 『그해 5월』과 『망명의 늪』 등에선 사업 실패담을 구체적으로 언급한다. 돈에 집중하거나 애착하지 않는 성향의 사람이 사업으로 성공할 수는 없다.

　1968년, 나림이 잊지 못할 사건이 하나 더 있었다. 동갑내기이자 인생 곡절 기구하기로는 난형난제인 시인 김수영과 마지막 술자리를 함께했다. 신동문이 근무하는 청진동의 신구문화사는 문인들의 사랑방이었다. 6월 15일 김수영이 원고료 받으러 나왔다. 김수영이 "한 잔 낼 테니 가자"라고 해도 별 대꾸가 없던 신동문이 한참 후 나림이 나타나자 반기며 술자리로 이어졌다. 술로나 화제로나 늘 좌중을 리드하는 나림에게 김수영은 "야! 이병주 이 딜레당트야!"하며 불편함을 드러냈다. 무교동 오픈 살롱 발렌틴으로 옮겨 급하게 마신 김수영은 먼저 자리에서 일어났다. 나림은 자신의 자동차를 타고 가라고 권했으나 김수영은 뿌리치고 혼자 가다가 교통사고로 숨졌다. 최하림이 쓴 『김수영 평전』과 나림이 1971년 『세대』 지에 쓴 「학처럼 살다 간 김수영에게」를 종합하면, 한 달 칩거했던 김수영은 그날 술을 맛있게 마셨고 경쾌하게 익살도 부렸다. "소주와 맥주를 급하게 마셔 불콰해진 김수영은 큰 눈이 더 커졌다"라고 나림은 회고한다. 나림은 "일대 시인이 속세의 무대를 하직하는 마지막 대사로는 너무 서운하다는 느낌을 금할 수 없다"라고 애도했다.

　그해 일이 하나 더 있었다. 10월에 나림은 자신의 출판사를 차리고 『마술사』를 포함한 초기 3부작을 묶어 단행본을 만들었다. 그 책을 해직 기자 리영희가 들고 다니며 외판했다. 리영희는 "『마술사』를 들고 아는 중고등학교 교사들에게 안기고 월급날 수금했다"라고 임헌영과의 대화에서 회고했다. 리영희는 고급 술집에서 나림에게 술 얻어 마신 이야기도 많이 했다. 나림과 리영희 모두 루쉰 신봉자로 공통 화제도 많았고, 늘 국제문제에 대한 고담준론이 이어졌다.

나림은 스스로 소설 주문 제작자라고 했다. "나는 프로페셔널 작가다. 작품을 많이 써야 하고, 어떤 것도 쓸 수 있어야 한다."라며, 청탁(淸濁)을 가리지 않고 원고 청탁에 응했다. 제세산업 이창우를 모델로 한 『무지개 사냥』과 같은 기업 소설, 『허상과 장미』, 『서울은 만원』을 비롯한 세태 소설, 최은희 납북사건을 소재로 한 『미완의 극』과 같은 추리소설 등 어떤 신문 잡지 방송의 청이라도 사절 없이 주문 제작했다. 그 시작이 1968년이다.

『마술사』는 『소설 알렉산드리아』를 쓰게 했던 신동문의 청탁이었다. 빚에 쫓겨 회현동 여관에 피신해 있는 동안 사흘 만에 쓴 중편 소설이다. 『마술사』는 소학교 친구 송낙규를 위한 만사다. 친구에 대한 진혼(鎭魂)의 뜻으로 썼다. 송낙규는 동남아 지역에 산재해 있는 일본의 연합군 포로수용소 감시원에 자원해 버마에서 복무했고, 전후 전범으로 처형되었다.

일본은 1941년 진주만 공격 이후 동남아 지역을 빠른 속도로 점령했다. 그 과정에서 포로가 30만 명 발생했고 연합국 소속 백인 포로가 12만 명이었다. 포로 관리의 필요가 절실해진 것이다. 거기에 더해 포로와 관련 일본은 원죄가 있다. 1937년 난징 대학살이 바로 그것인데, 물론 그 참극은 그 어떤 이유로도 해명이 안 되는 비인도적 전쟁 범죄이지만 굳이 일본 편에서 이유를 하나 더 찾자면 포로 수용 관리가 준비 안 된 상태에서 포로보다 학살을 결정한 것이기도 하다.

그런 연유로 1942년 5월 포로 감시원을 대대적으로 모집하게 된다. 일본인은 전투원으로 투입해야 하니 비전투 인력 포로 감시원은 조선과 타이완에서 충원했다. 2년 계약에 징병 면제 조건으로 3,200명을 모집하여 부산에서 두 달 교육 후 동남아 곳곳에 배치했다. 전쟁 후 129명이 전범 유죄 판결을 받았고, 20명이 사형되었다. 도쿄의 전범재판소는 체제를 갖추어 재판하느라 시일도 오래 걸렸으며, 도조 히데키 등 A급 전범만 몇 사형시키는 것으로 마무리하고 맥아더가 그마저 크리스마스 선물로 서둘러 재판을 종료했다. 천황은 아예 기소조차 하지 않았고, 기시 노부스케는 석방되어 총리까지 한다. 반면 동남아의 전범재판소는 49곳에서 아주 신속하게 판결해 B급 C급 전범들도 처형했다.

송낙규 등 포로 감시원의 유죄 판결에는 포로였던 군인들의 증언과 지목이 결정적이었다. 감시원의 가혹 행위는 대부분 경우 물이나 담배에 인색했던 것 등 사소한 내용이었다는 증언도 있으나, 콰이강의 다리 건설에 동원되었던 연합국 포로 1만 6천여 명이 과로와 굶주림으로 숨겨갔던 것 생각하면 생존 포로로서도 이가 갈렸을 것이다. 〈콰이강의 다리〉 원작자 피에르 불은 포로 감시원을 "고릴라처럼 잔인한 조선인"이라고 매도했다.

나림은 소설의 구성을 중시했다. 구성이란 포장지다. 리얼리즘은 묘사보다 구성에 있다고 믿는 나림은 『소설 알렉산드리아』에서 바로 그 구성력을 보여준 바 있다. 가슴의 고슴도치 같은 통분을 진정시키기 위해 옥중기를 쓰긴 쓰지만 대단하지도 않은 인물의 옥중기가 사실적 묘사의 형태로 독자에게 읽힐 리가 없으니 엑조티시즘이란 포장지를 씌우고 사라 안젤이란 헬레니즘과 헤브라이즘의 조화가 극치를 이룬 허구의 주인공을 내세웠다. 결과적으로 그 소설을 쓴 덕분에 통분의 반이라도 풀렸고, 독자들은 옥중기가 아닌 흥미로운 이야기로 읽어주었으니 두루 성공한 셈이 되었다.

같은 맥락으로 『마술사』도 친구 송낙규의 어이없고 억울한 죽음을 진혼하기 위해 구성력을 보인 것이다. 왜 나의 친구 송낙규는 인도의 독립운동가이자 특급 마술사인 크란파니 같은 멋진 인간이 되지 못했나? 왜 내 친구는 그 많은 포로 중 크란파니 같은 재능과 정신을 가진 인연을 만나지 못했나? 하는 한을 허구로 꾸며 본 것이다. 나림은 『마술사』에서 "무엇보다 정신을 배우지 못한 기교는 경멸의 원인이 될 수밖에 없다"라는 이야기를 하고 싶었다고 했다. 송낙규는 10년의 정진 끝에 마술이란 기능을 배우며 그 기교를 통해 갈채를 받았지만 인레 이외의 여성을 알아서는 안 된다는 정신을 제대로 익히지 못해 번번이 정신 지키기를 어기고 결국 몰락한다.

『마술사』는 한편의 잘 조작된 환각이다. 책을 덮고도 그 마술이 사실인지 환각인지 긴가민가하다. 문학을 포함한 예술도 환각이란 나름의 뜻이 느껴진다.

규범과 일탈 사이 '어른의 사랑'
『돌아보지 말라』

신문 연재소설의 전성기가 있었다. 최인호의 『별들의 고향』을 읽으려고 새벽 신문 배달을 문밖에 나가 기다린 적이 있다. 나 말고도 이웃 여럿이 서성이고 있던 기억이 난다. 한국일보에 『장길산』을 연재하던 시절 황석영은 전국 어디에서나 송고(送稿)에 특혜를 받았다. 통신시설이 요즈음 같지 않았던 때 독자들이 앞다투어 원고 배달을 도와준 것이다. 조선일보에 연재했던 나림 이병주의 『바람과 구름과 비』도 '낙양지가(洛陽紙價)'를 잔뜩 올렸었다. 1970년대의 풍경이다.

1954년 서울신문에 연재되었던 정비석의 『자유부인』은 신문소설의 전설이다. 서울대 법대 교수 황산덕이 소설 속 교수 부인의 일탈을 비판하는 글을 올려 작가와 독자 사이에 지면 논쟁이 오가기도 했다. 가치관과 창작 자유를 두고 논쟁이 격화되며 정비석과 황산덕이 치고받고 싸웠다는 만우절 농담이 다 있었다. 영화화되어 소설은 더 유명해졌다.

사형폐지론을 주장하던 학자 황산덕은 박정희 대통령 유신 후 법무부 장관이 되어 나림의 실록 소설 『그해 5월』에 한 대목 등장한다. 사회안전법이란 예비 검속을 두고 나림은 황 장관과 초헌법적 조치에 대해 논쟁한다. 다행히 나림은 대상에서 제외되지만, 『겨울밤』과 『내 마음은 돌이 아니다』의 노정필은 다시 수감된다. 국가 폭력에 시달리는 '나만의 황제' 노정필에 대한 나림의 감정이 애틋함을 넘어 아프다.

연재소설의 역사를 더 거슬러 올라가면 1928년 조선일보에 연재했던 벽초 홍명희의 『임꺽정전』이 있다. 벽초 스타일의 계몽이었고, 독자에겐 카타르시스였다. 1918년 단행본으로 출간된 한국 근대 최초 장편 소설 춘원 이광수의 『무정』도 1917년 매일신보에 연재되었다. 박종화의 역사소설 『금삼의 피』는 1936년 매일신보에, 김내성의 추리소설 『마인(魔人)』은 1939년 조선일보에 연재했다. 한국 최초의 무협 소설 김광주의 『정협지(情俠誌)』는 1961년 경향신문에 연재되었다.

신문 연재소설은 대중성과 문학성을 두루 갖춘 명품의 산실이었다. 특히 퇴고 없이 일필휘지로 써 내려가는 작가에겐 실력 발휘할 수 있는 기막힌 공간이었다. 독자들은 문화적 갈증을 해소하며 교양과 재미를 얻었다. 김성종이 일간 스포츠 신문에 썼던『여명의 눈동자』와 이문열의 자전소설『변경』, 최인호를 다시 보게 한 역사소설『잃어버린 왕국』, 그리고 김주영의『객주』등이 연재를 기다리게 했던 소설이다. 하지만 1970-80년대 연재소설의 제왕은 단연 나림이었다.

신문뿐 아니라 종합 월간지에도 연재소설이 있었다.『월간 중앙』,『신동아』,『세대』,『월간 조선』등 잡지에도 상당한 분량의 연재소설을 게재했다. 그 잡지와 신문에 나림은 1970년부터 1972년에 걸쳐『낙엽』과『허상과 장미』,『배신의 강』등 6편의 장편 소설을 연재했다.『지리산』도 그때 연재를 시작했다. 1981년과 1982년 사이엔 한국일보의『유성의 부』와 신동아의『황백의 문』등 5편을 연재했다. 괴력이다. 초인적이라고 할밖에 없다. "역사소설이든 연애소설이든 기업 소설이든 작가는 무엇이든 쓸 수 있어야 하고 써야 한다"라는 나림 프로페셔널리즘의 소산이다. 나림 식 문자로 하면 "주문 제작자로서의 소설가"다. 이 대목이 곧 나림 평가의 아킬레스건이기도 하다.

『돌아보지 말라』는 1968년 경남매일에 연재되었다. 나림을 롤모델로 작가가 된 고승철은 나남출판 주필 시절 이 작품을 발굴 출판하면서 에피소드 하나를 소개한다. 고 작가가 다니던 마산중학교 교무실에서 있었던 신문 실종 사건이다. 교장부터 서무실 직원까지 전체 교직원이 얼마나 그 소설을 기다리며 열독 했는지 묘사가 현장감 넘친다. 『돌아보지 말라』는 재미와 의미를 함께 주고 개인사와 시대사를 접목하는 나림 필법의 한 전형을 보여주는 작품이다. 주인공 남녀가 교사이고 마침 배경도 마산이어서 더 공감했을 마산중학교 교무실 풍경이다.

독서 세대에겐 작가가 멘토였다. 신문에 작품을 연재하는 작가라면 더욱 인기 있었다. '나림 사단'의 주장(主將)이자, 5.16 후 나림과 함께 수감생활을 했던 이종석은 남성여고 교사 시절 나림의 부산일보 연재소설 『내일 없는 그 날』을 읽고 찾아가 교제를 시작했다. 나림은 박학다식하고 기개 있는 교사 이종석을 국제신보 논설위원으로 초빙했으나 이종석은 사양하고 경남 교원노조 위원장 일에 전념했다. 『돌아보지 말라』의 사회 교사 윤태호는 교원노조 간부로 체포되어 10년 형을 받고 7년 만에 출소한다. 그 시간을 기다린 방근숙과의 러브스토리가 애틋하다.

『돌아보지 말라』는 나림 인문 클래식의 한 보고(寶庫)이기도 하다. 인간의 본성을 통찰한 장자와 마키아벨리의 사상을 소개하고, 불교를 현상학으로 해설하며, 러시아 작가의 단편을 통해 부부 사이의 미묘한 감정을 은유한다. 운명과 섭리를 말할 때 나림이 꼭 인용하는 『노자』의 "천망회회 소이불실(天網恢恢 疎而不失)"도 나오고, 『논어』의 "서자여사(逝者如斯 이렇게 흘러가는구나)"도 인용한다. 그 여사(如斯)에서 따서 나림은 『여사록(如斯錄)』이란 제목의 작품을 썼다. 장자 에피소드는 약 20년 뒤 『소설 장자』 연재로 이어진다.

나림이 마키아벨리의 단편 「벨페고르」를 인용하는 대목이 특히 인상적이다. 『군주론』을 쓴 마키아벨리는 정치사상사에서 칭송과 폄하 양극단의 평가를 받는 논쟁적인 사상가이지만, 소크라테스 볼테르 칸트와 병렬할 정도의 인물이다. 역대 사상가들을 고뇌케 했던 정치와 윤리 사이의 인연 즉 권력과 도덕 관계를 명쾌하게 끊어 준 공로가 있다. 마키아벨리는 도덕에 구애되지 않고 상식과 통찰력으로 실사구시적 제언을 한다. 인성을 매우 부정적으로 본 마키아벨리는 "사람은 부친 살해는 용서해도 자기 재산 몰수는 참지 못한다"라고 했다. 마키아벨리는 인성을 냉혹하게 통찰한 대가다. 신중한 지도자는 살인은 해도 약탈은 안된다는 충고는 그런 냉소적 인간관에 기인한다.

마키아벨리는 다재다능하고 격정적인 기질의 사나이였다. 충실하고 유능한 관리였으나 마흔넷에 해직되고 옥살이까지 했다. 공직자로서 재기불능의 바닥에 떨어진 후 제2의 인생은 글로 승부하며 산다. 비운의 은둔생활에서 문인으로 천재성을 발휘하여 희곡 『만드라골라』와 단편 「벨페고르」를 쓴다.

결혼 생활의 문제점을 현지 체험하고자 악마 벨페고르가 현신(現身)한다. 벨페고르는 미모의 여성과 결혼하여 잠시 행복을 느끼나

했으나 부인의 사치와 처가 식구의 낭비, 허세 행태에 빈털터리가 된다. 환멸을 절감하고 결혼의 굴레를 벗어나려 초능력까지 쓰며 허둥지둥하지만, 쉽지 않다. 악마가 인간계에 내려와 당하는 고통이 안쓰러울 지경이다. 마키아벨리의 필치는 경쾌하고 풍자는 '징하다'.

『돌아보지 말라』는 나림의 인생 열차를 관통하는 키워드 중 하나인 '사랑과 사상의 거리재기'를 잘 보여주는 작품이다. "사랑이 없는 사상은 각박하고, 사상이 없는 사랑은 천박하다."라는 문장은 나림이 정말 즐겨 쓰는 레토릭이다.

주인공 남녀는 우연이 거듭되면서 서로 끌린다. 난치병 배우자를 오래 간병해 왔다는 동병상련에다 직업적 동질감 그리고 만날수록 매력까지 느끼며 건강한 에너지를 주고받는다. 하지만 끌림이 더할수록 고뇌도 심해진다. 끝까지 사람의 도리를 지키려는 위신과 새로운 사랑의 갈망 사이에서 번민이다.

규범과 일탈 사이의 아슬아슬한 균형이 『돌아보지 말라』의 묘미다. 나림의 작품엔 따뜻함이 있다. 마키아벨리의 「벨페고르」를 인용해 각박해지려는 주인공 심정의 일단을 드러내지만 역시 본심은 '그럼에도 불구하고'에 있다. 결혼이란 띠가 부담스럽지만 죽어가는 배우자를 선뜻 외면할 수도 없다. 아니, 오히려 더 충실해야 한다는 의무감이 강하다.

정욕과 사랑 사이의 균형도 건강하다. 플라토닉 러브로만 그쳤다면 고답적이다. 배우자들이 세상을 떠난 후 기다렸다는 듯 냉큼 결합했다면 얄밉다. 나림은 시간과 격리라는 시금석으로 사랑을 단련한다. 7년 만에 사랑이 드디어 이루어졌다면 과연 『돌아보지 말라』고 할 만하다.

윤태호는 감옥에 격리해 있는 동안 자신을 성찰한다. "나는 불성실한 남편이었고, 불성실한 친구였으며, 불성실한 아들이었다."라고 참회한다. 성실한 사람만이 스스로 불성실을 돌아보고 자괴(自愧)한다. 방근숙은 7년 전 그 주소에 그대로 거주하며 윤태호의 출감을 기다린다. 이전 배우자에 대한 죄책감이나 혹시 배신의 기초위에 서둘러 행복의 성을 쌓으려 한 건 아닌가 하는 민망함에서 벗어날 만큼의 충분한 시간과 시련이다.

『돌아보지 말라』는 어른스러운 사랑 이야기다.

13

이병주의 사랑과 화(和)
『비창』

상을 받는 건 자랑스럽고 기쁜 일이다. 성취를 인정받는다는 뜻이니 뿌듯한 일이다. 노벨문학상은 글로벌 문단에서 인정한다는 의미다. 한국 작가의 2024년 노벨문학상 수상은 반갑고 고맙다. 다만 한국 문학의 축적과 격으로 볼 때 만시지탄이다. 더 일찍 더 많은 작가가 받았더라면 하는 아쉬움이 짙다.

나림 이병주는 노벨문학상을 받을 수 있었을까. 나림만큼 대중적 인기를 누렸고 많은 작품이 영화화된 작가 이문열은 자신처럼 상업적으로 성공한 작가는 노벨문학상에 적절하지 않다고 했다. 굳이 선택할 수 있다면 노벨상보다는 오히려 미국 독서 시장을 휩쓰는 베스트셀러 작가가 더 낫겠다고도 했다.

사실, 상은 받는 사람이 결정하는 게 아니다. 시운(時運)의 작용도 필요하고 상복도 있어야 한다. 이를테면 다들 톨스토이가 노벨문학상을 가장 먼저 받을 것으로 예상했으나, 결과는 쉴리 프뤼돔이란 프랑스 시인이 수상했다. 톨스토이가 생존해 있던 1910년까지 『쿠오바디스』를 쓴 시엔키에비치와 『정글북』의 키플링은 노벨문학상을 받았으나, 톨스토이는 10번 후보에만 올랐을 뿐 결국 수상하지 못했다. 미국의 대외 영향력을 크게 키운 시어도어 루스벨트 대통령도 받았던 노벨평화상조차 비폭력 평화 사상가 톨스토이에겐 주어지지 않았다.

나림은 문학상을 세 번 받았다. 『비창』은 『낙엽』과 『망명의 늪』에 이어 나림이 세 번째 상 받은 작품이다. 신문에 연재되었던 대중성이 높은 소설이 문학상을 받은 다소 이례적 경우다. 영화로도 만들어졌다. 나림은 대중소설과 통속소설을 이렇게 구분한다. 통속소설은 독자에 영합하는 것이고, 대중소설은 대중이 쉽게 이해하게끔 가독성(可讀性)을 높인 것이다. 일없이 선정적이거나 폭력적인 장면을 넣어 통속적 취향에 아부하는 것과 쓴 약을 당의정에 싸서 단맛에 먹게 하는 것은 다르다. 경계가 다소 모호하지만 그래도 독자는 알고 읽는다.

『비창』은 역사철학 교수가 주인공이다. 그가 탐독하는 『로마 제국 쇠망사』 등 묵직한 책 여러 권이 소개되고, 아우구스티누스의 이원론적 신정관도 언급되며, '대구 10월 사건' 같은 역사적 사건도 중요한 모티브로 작용한다. 재미와 의미를 두루 갖춘 나림 대중 문학의 한 전형이다. 소설은 이야기다. 무거운 사건 가벼운 어조가 나림 소설의 공통된 특징이다. 때로 질편하기도 하고 때로 농담과 풍자가 지나치기도 하지만 그 경쾌함 안에는 역사책 행간에 감춰져 있는 상처와 신음이 묻어 있다. 개인 이야기를 역사적 차원으로 서술하며, 시대의 특수한 사건을 초 시대적 철학 문제와 연결해 보려는 시도다.

나림 소설의 즐거움 중 하나는 특출한 자질과 품성의 남성과 지적이고 아름다운 여성이 풍성하게 등장한다는 점이다. 나림은 모든 여성은 아름답다는 믿음이 있다. 작가 자신이 믿지 않는 것을 독자에게 설득할 수는 없는 일이다. 구인상은 문질빈빈(文質彬彬)의 인물이다. 역사철학 분야의 독보적 스콜라(scholar)다. 재벌 집안의 장남에 미모의 피아니스트 부인과 딸까지, 세상에 걱정이란 없을 것 같은 외양이다. 하지만 보이는 게 다가 아니다. 실상은 생부를 죽게 한 의부의 호적에 얹혀 있는 것이고, 아내의 불륜에 전전긍긍할 뿐이다. 현실적으로 무우(無憂)의 상태란 없다. 우(憂), 즉 근심 걱정은 사람을 날 서게 만든다. 그럼에도 감정을 폭발시키지 못하는 스스로에게 혐오를 느껴 도피하듯 출생의 비밀을 찾아 대구로 내려온다. 도망치는 것, 그것도 때로 성실한 작업일 수 있다.

구인상은 고향에서 '10월 사건'의 주모자 생부의 흔적을 찾는다.

스무 살에 만나 손 한번 잡지 못했으나 연모의 정을 품은 인연으로 짝사랑 남성의 묘를 쓰고 비석을 세우고 가족을 돌본 대구 권번 기생 방화의 순애보 덕분에 조손(祖孫)의 만남이 이루어진다. 영락없는 낙백(落魄)의 신세로 낯선 거리를 홀로 걷다가 우연히 만난 완숙한 미모의 여성 명국희 덕분에 운명을 감당하며 사람으로서 품위를 잃지 않는 의지도 배운다. 판소리 명창 부친과 소리 기생 모친 슬하에서 자란 명국희는 음악적 재능이 탁발했으나 바람둥이 연하남과 재혼한 모친 탓에 살인까지 저지르는 기구한 청춘을 보낸다. 그래도 "나는 언제나 2년 후를 살았다"라는 나폴레옹의 각오를 실천하며 산 결과 맵시와 교양이 밸런스를 취한 모습으로 새로운 인연을 맞게 된다.

실존이란 무색투명한 물리적 시간이 돌연 운명적 시간으로 내용을 바꾸는 찰나다. 그 운명적 시간은 인생 시간일 수도 역사적 시간일 수도 있다. 실존을 두 번이나 절감한 뒤, 관용을 위해선 그 자리를 피할 필요도 있다며 번번이 현장을 외면했던 구인상은 자기 상상으로 스스로 만든 감옥에서 벗어나기로 결심한다. 자신의 원래성을 되찾고 아내와의 문제를 해결하려면 불쾌한 고비도 견뎌야 한다. 대학을 사직하기로 한 것도 체면의 문제가 아니라 진실의 문제이기 때문이다. "나는 겨울의 한복판에서 마침내 내 안에 굴복하지 않는 여름이 있다는 것을 알았다". 카뮈의 말이다.

나림은 역사의 심판은 언제나 늦다는 사실에 주목한다. 역사는 일월이 조명하는 법정이지만 그 판결은 늘 늦다. 역사의 심판 전에 문학으로 심판이 가능하다는 게 나림의 뜻이고, 많은 실록 소설은 그 뜻을 실천하는 시도였다. 『비창』에선 역사철학 교수를 내세워 역사에게 묻는다. 역사철학은 역사적 사실보다 역사의 본질을 연구하는 학문이다. 역사를 신뢰할 수 있는지, 어느 부분은 신뢰하고 어느 부분은 신뢰할 수 없는지, 역사의 심판이란 게 있는지 따져보는 학문이다. 인과 관계, 심판, 신뢰성은 실증적으로 확인할 수 있는 건 아니다. 그러니 언제나 문제만 있고 해답은 없는 학문이라는 게 나림의 해석이다.

하지만 거리를 두고 보려는 시도는 꼭 필요하다. 동시대인에겐 절대적인 권력자가 시간과 공간의 여유를 조금 두고 보면 만화처럼 보이는 경우가 허다하다. 이를테면 나림이 즐겨 인용하는 히틀러의 사례나 스탈린의 사례가 그것이다. 시점의 원근법을 익히는 게 지혜다. 그럼에도 인간은 여전히 역사에서 배우지 못한다. "과거를 지배하는 자가 미래를 지배한다. 현재를 지배하는 자가 과거를 지배한다. 과거는 어디에 있나. 기록과 인간 기억 속에 있다. 기록을 지배하면 기억도 지배하게 된다." 조지 오웰이 1949년에 경고한 디스토피아 『1984』의 한 대목이다. 지금도 지구 어디선가 그런 작업을 하는 빅브라더가 있고 그 빅브라더를 응징하는 건 언제나 더디다. 다만 역사의 심판은 연착하는 기차 같다. 늦더라도 도착한다. 그걸 믿어야 하는 게 딱하다.

『비창』엔 다양한 음악이 흐른다. 장면과 어울리는 아주 은근한 곡들이 겸손한 볼륨으로 흐르고 있다. 모차르트의 〈피아노 협주곡 20번〉부터 베토벤의 〈심포니 3번〉, 〈춘향전〉과 〈흥타령〉 그리고 자넷 멘체스터의 소울풍 디스코곡 〈Tomorrow's Memories〉까지 모두 18곡이다. 나림이 자동차 안에서 늘 듣는 곡이고, 주석(酒席)에서 흥이 나면 북채를 잡고 뽑는 노래도 있다. 나림 마니아 정두환 지휘자는 소설의 장면과 음악의 조화가 절묘하다며 나림의 음악적 소양을 상찬한다. 나림은 가요 〈추풍령〉부터 베토벤 교향곡 5번 〈운명〉까지 폭넓은 감상가였다.

나림의 음악 조예가 상당함을 보여주는 대목이 하나 있다. 『지리산』의 한 대목이다. "나폴레옹의 유럽 정복이 물거품 위에 새겨 놓은 발자국 같다면, 베토벤은 우주의 크기만 한 그리고 한량없이 깊은 또 하나의 세계를 구축해 놓은 것은 아닐까. 그런데 베토벤은 그와 같은 세계를 구축하는 과정에서 누구에게도 불행을 주지 않았다. 이웃의 손가락 하나 상하지 않았다. 나폴레옹의 영광엔 범죄의 냄새가 끼어 있지만, 베토벤의 영광은 맑게 갠 가을 하늘의 만월 같다." 나림 소설에 가장 많이 등장하는 인물이 긍정적 의미이든 부정적 의미이든 나폴레옹이다. 그 나폴레옹과 베토벤을 비교하여 나림은 음악의 위대함을 말하고 있다.

나는 『비창』을 읽으며 참 많은 경구를 얻었다. 그중 특히 기억하고 싶은 대목은 "사람은 평생 살며 징크스 하나쯤은 가져야 한다. 운명에 대한 최소한의 겸손이다."와 "세상에 굳이 남에게 권할 수 있는 신앙이나 사상이 있을 수 있을까. 어째서 자기 좋다는 주관만으로 남의 정신세계에 비집고 들어서려고 하는 걸까." 그리고 "역사 공부의 의미 하나는 거울 앞에서 옷매무새 고치려는 소박함이다"이다.

하지만 『비창』에서 얻은 최고의 배움은 역시 '화(和)의 의미'다. 화는 조화, 친화, 또는 화합을 뜻한다. 용서하고 포용하여 손해를 보더라도 화평을 유지하는 것이다. 나림은 소설 말미(末尾)에 볼테르의 인간론을 언급하며 운명 이야기를 덧붙인다. 운명이란 비리(秘理)는 지구 멸망 때까지 기다려도 이해할 수 없다. 그러니 운명이란 말은 쉬이 꺼내서는 안 되는 단어다. 그럼에도 운명적인 순간에는 운명을 들먹이지 않을 수 없다. 다만 운명을 받아들이는 방식과 태도는 우리의 자유 영역이다. 그나마 괜찮은 운명애(運命愛) 방법이 화라는 게 나림의 생각이다.

『비창』의 원제목이 『화(和)의 의미』다.

14

'위대한 잡놈'의 장쾌한 서사
『바람과 구름과 비』 1

나림 이병주는 소설의 구성을 중시한다. 구성을 "오블라토(녹말과 한천으로 만든 종이로, 쓴 약을 싸서 먹는 데 쓴다)에 싸는 것"이라고 했다. 나림이 말하는 구성이란 포장지 즉 소설적 장치를 뜻한다. 나림의 리얼리즘은 확실히 묘사보다 구성에 있다. 한 맺힌 옥중기를 엑조티즘 강렬한 『소설 알렉산드리아』로 만들어내고, 어이없이 전범으로 몰려 죽은 친구를 위한 만사를 『마술사』란 예술 소설로 그려낸 것이 대표적인 구성 사례다.

하지만 나는 나림의 위대함은 구성보다 오히려 인물 창조에 있다고 생각한다. 나림의 작품엔 희귀하고 탁발한 인물도 있고, 잡스러우나 도저히 미워할 수 없는 인물도 있으며, 따뜻한 오지랖으로 엎어지고 제쳐지고 하는 좌충우돌 캐릭터도 있다. 사막에 불시착한 나폴레옹류와 예외자의 정신을 가진 아웃사이더도 있다. 비범성과 속악성을 동시에 지닌 인물 창조와 묘사가 기막히다.

나림 작품의 캐릭터는 하나같이 개성 강한 유니크(Unique)이지만 그중에서도 꼭 세 사람만 고르라면 나는 『산하』의 이종문과 『행복어 사전』의 서재필, 그리고 『바람과 구름과 비』의 최천중을 꼽고 싶다. 특히 최천중은 나림이 만들어 낸 걸출한 캐릭터다. 청말(清末)의 대학자 왕궈웨이(王國維)는 사람을 가애자(可愛者)와 가신자(可信者)로 나누었다. 가애자는 사랑스러운 사람이고, 가신자는 미더운 사람이다. "사랑스러운 사람은 미덥지 않고, 미더운 사람은 사랑스럽지 않다"라고 했다. 보통 그렇다. 그런데 희귀하지만 사랑스러우면서도 미더운 사람이 있다. 쾌감과 안정감을 겸비한 경우다. 최천중이 바로 그런 인물이다.

최천중이 삼전도장을 세우고 삼고초려 끝에 모시고 온 여운 선생이 아흔에 세상을 떠나며 남긴 말이다. "너의 잡스러움을 네 평생에 씻지 못할 것이다. 너의 야심을 너는 평생 포기하지 못할 것이다. 그러나 너의 잡스러움과 야심을 나는 선사(禪師)의 오달(悟達)보다도 성현의 달관보다도 좋다고 느낀다. 너의 잡스러움, 너의 야심으로 인해 너는 앞으로도 한량없는 고통 속에서 살 것이다. 하지만 기(期)하는 바 있는 고통은 기할 바 없는 안락보다 낫다."

과연 최천중은 야심만만한 잡놈이다. 하지만 천하의 큰 스승 여운이 인정하는 학문과 품성이 있다. 산수도인에게 10년 배운 관상술도 있다. 허물 많은 대갓집을 후려서 축적한 재산도 있고, 대원군과 당당히 맞서 수만금 복채를 얻어 내오는 배짱도 있다. 거기에 더해 문(文)의 강원수 무(武)의 연치성 같은 천하 인재와 구철룡, 박종태 등 충직하고 영민한 수하가 있다. 정숙한 본부인 외에 에로티시즘과 신기(神氣) 충만한 무녀를 비롯한 숱한 여인의 사랑과 존경을 받고 있다. 그런 상남자가 조선 망국 즈음 새로운 나라 세우기를 꿈꾼다. 나림의 서사와 상상력은 가히 일품이다.

  작가의 대가(大家) 여부가 나뉘는 지점은 상상력이다. 지식은 전수되고 사회화하지만, 지혜는 혼자 깨닫고 깨우치는 것이다. 지혜는 자득(自得)이다. 지식은 보통 자료 섭렵과 발견, 그리고 비교의 과정을 거쳐 쌓여간다. 동서고금의 자료를 진지하고 성실하게 섭렵하다 보면 발견하게 된다. 발견은 '왜?'에 대한 답을 찾는 것이고, 비교는 그 답 얻기를 위해 이것저것 비교하며 차이점과 유사점을 형량(衡量)해 보는 것이다. 이를테면 헤브라이즘과 헬레니즘의 차이를 찾아보거나, 유럽 문명과 동양 문명의 유사점을 파악하는 것이다. 나림이 여러 작품에서 보여준 헤브라이즘과 헬레니즘 비교와 유럽 문명의 특성을 동양 문명과 비견하는 대목은 압권이다.

  그다음 경지가 창조다. 자료 섭렵하고 발견하며 비교하는 과정은 지식의 영역이다. 누구나 절차탁마하면 성취할 수 있다. 하지만 창조는 거기에 상상력이 더해져야 한다. 인간에 대한 깊은 고민이 있어야 하고, 소각(小覺)이든 대각(大覺)이든 깨우침이 있어야 한다. 자기만의 무엇이다. 나림의 작품은 전성기에 쓴 명작은 물론이고 아무리 태작(駄作)이라도 인사이트가 있다. 독자가 발견하고 느끼는 인사이트, 대가만이 줄 수 있는 선물이다.

최천중은 건국의 베이스캠프 삼전도장이 문을 닫을 때 전국에 걸쳐 천 명이 넘는 동지를 얻었다. 품이 크고, 정이 깊으며, 무엇보다 사람의 불행을 그냥 보아 넘기지 못하는 성격이 주위에 사람이 모이게 했다. 위로는 왕후장상부터 아래로는 시정잡배까지 청탁 불문, 신분 불문, 나이 불문, 두루 교유했다. 대제학 박규수와 그 제자 김옥균, 박영효 등과 고담준론하고, 마포 나루의 대상(大商)들과 어울리며, 장터에 앉아 누구와도 흔쾌히 수작(酬酌)한다.

나라를 혁(革) 하려는 강인한 기상을 가졌지만, 협(俠)만으로는 안 된다는 이치도 이해하는 유연성을 지녔다. 인정의 유대를 넘어 이데올로기적 연대를 구축하려 동학을 후원하는 전략적 마인드도 있다. 호쾌하고 책임감 강하다. 인연을 중시하고, 섭리를 수긍한다. 누군가를 돕기로 하면 크게 도와주어 대성하게 한다.

최천중의 직업은 관상가다. 킹메이커 최천중을 관상가로 설정한 나림의 뜻이 깊다. 관상가로서 첫 번째 작업은 자신의 운명을 알고 명의 운, 즉 명의 방향을 잡는 것이다. 최천중은 얼치기나 양아치가 아닌 제대로 수도한 특급 관상가다. "자신이 믿을 수 있는 점술이어야만 남을 이롭게 하고, 자기 운명의 주인이 될 수도 있다."라는 신념이 투철하다. 최천중은 관(官)에서 뜻을 펼 수 없는 자신의 한계를 일찍부터 알고, 야(野)에서 잘할 수 있는 일, 꼭 하고 싶은 일에 집중한다. 그 과정에 도덕과 윤리는 없다. 비도덕, 부도덕, 무도덕을 넘어 모험적이고 주도면밀하다.

두 번째 작업은 국운을 보는 것이다. 최천중은 조선의 국운이 다했음을 알고 새 나라를 세워야겠다고 다짐한다. 명리(命理)는 자연 순환의 이치를 기본으로 한다. 성(盛)이 극(極)하면 쇠하게 되고, 쇠망이 극에 이르면 다시 성의 기운으로 돌아선다는 순환의 이치가 나라의 흥망성쇠에도 적용된다고 믿는다. 물극필반(物極必反) 부극태래(否極泰來)다. 강화도령 철종의 후사를 잇는 문제를 두고 최천중은 대원군의 둘째 아들을 주목한다. 도광양회하며 세풍을 피하고 있는 대원군의 야심을 간파하고 아들의 등극까지 예측하니 최천중은 치명적 공격을 당한다. 구사일생 후 본격적으로 망국과 건국 사이에서 건곤일척 승부에 나선다.

국운(國運), 참 추상적인 단어다. 운이 좋다는 건, 뭘 하려는 열정이 강하고 에너지를 집중한 보람이 있다는 뜻이다. 힘써 애써 하니 좋은 기운이 주변에도 영향을 끼쳐 서로 밀어주고 끌어준다. 나아질 것이란 기대가 충만하고 결과도 난다. 운이 나쁘다는 건, 열정도 시들하고 에너지도 집중이 안 되며 재미도 없다는 뜻이다. 다 된 일도 어그러지고 사소한 일에 울근불근하고, 욕구 자체가 약하다. 운이란 기세다. 국운, 흥망성쇠를 규명하는 다양한 시도 중 하나다.

　세 번째 작업은 바람과 구름을 일으켜 풍운을 타고 등천할 용을 만드는 일이다. 이 대목이 참으로 기발하다. 나림의 상상력이 상상을 절한다. 킹메이커가 되려면 왕재(王才)가 있어야 한다. 최천중은 왕자(王者)의 사주를 맞춰놓고 그를 잉태해 줄 여인을 찾아 나선다. 그 수법과 과정이 상식을 넘는다. 진지하고 에로틱하다. 기어이 얻은 아들을 위해 인물을 모으고 재산을 축적한다. 왕과 개혁적 지식인 그리고 동학이 합심하여 입헌군주국을 만드는 것을 목표로 한다. 거기에 더해 최천중은 명리의 사회적 효용을 체득하고 치부(致富)의 방책으로 적극 활용한다. 한 달에도 몇 번씩 바뀌는 한성판윤의 경우에서 보듯 자리는 내일을 알 수 없고, 언제 어디서 칼이 날아올지 몰라 불안하며, 권모술수가 횡행하는 여리박빙(如履薄氷) 살벌한 판에서 생명을 보전하고 권세를 유지하려니, 세도가들이 너나없이 풍수, 사주, 관상에 의존하는 것이다. 당당하고 신중하며 수 높은 최천중은 권세가들의 약한 곳을 간파하고 족집게 훈수를 둔다. 자신의 철학적 판단에다 용한 무녀 애인의 확인까지 거치니 확률이 아주 높다. 뒷심이 생기고, 거금이 모인다.

　『바람과 구름과 비』, 난세에 바람을 일으키고 구름을 부르며 천하 인재들을 움직이게 하는 나림의 스케일은 광대하고 서사는 장쾌하다.

15

역사 권력 인생의 함수관계
『바람과 구름과 비』 2

『바람과 구름과 비』 10권을 정독하고 재독(再讀)한 느낌은 먹먹함이었다. 먹먹했던 이유는 두 가지다.

우선, 역사와 권력과 개인 사이의 오묘한 함수관계를 서사로 풀어주는 『사기(史記)』의 감동이다. 나림 이병주는 그 무엇으로도 명쾌하게 해소할 수 없는 역사, 권력, 인생 간 함수관계를 설득력 있는 이야기로 풀어준다. 실록의 박력에다 허구의 경쾌함이 더해져 그 이야기는 『삼국지』나 『수호지』보다 훨씬 더 유익하고 흥미롭다. 강호의 자유로움과 은원(恩怨)의 허망함을 속도감 있게 묘사하는 무협지 풍마저 있다. 통속성과 진지함의 조화가 천의무봉이다.

다음, 돌아보기와 내다보기가 겸전한 문학적 안목에 경탄(敬歎)했다. 그 힘든 시대 그 무거운 이야기를 규방의 속삭임부터 시작하여 뜻 높은 지사의 포부와 좌절한 장부의 탄식을 거쳐 조선을 두고 벌이는 열강의 각축 등 국제관계까지 그렇게 종으로 횡으로 연결하여 소설로 쓸 수 있다니 그저 고맙게 흔상(欣賞) 할 따름이다. 나림은 세사의 앞날을 굽어보기 위해 기왕지사를 소상하게 챙기는 참 고상한 습관이 있었다. 『바람과 구름과 비』는 나림의 유불도(儒佛道) 섭렵과 동학 이해 또한 아낌없이 드러난 작품이다.

돌아보기와 내다보기가 균형을 이루려면 과거 현재 미래를 통시(通視)하는 것에 더해 약자를 따뜻하게 대하는 문명적 시선이 바탕이 되어야 한다. 『바람과 구름과 비』에는 나림의 묵중한 휴머니즘과 깊은 인문이 진하고, 시대를 꿰뚫어 보는 안목과 인간에 대한 통찰이 선명하다.

어느 세대나 자신의 시대가 가장 힘들다고 여긴다. 예민하고 통찰력 있는 사람일수록 그 시대 의식은 더욱 철저하다. 2500년 전 공자는 자신의 시대가 하은주(夏殷周) 삼대(三代) 이후 망가질 대로 망가진 난세라고 생각했고, 2000년 전 예수는 자신의 시대에 마지막 날이 닥칠 것이라고 예언했다. 선지(先知)들은 한편으론 후생가외(後生可畏)를 기대하면서도 한편으론 자신의 시대가 말세라고 탄식했다. 세상은 언제나 난세이며 자신이 사는 시대는 늘 말세다.

1920년대의 이 땅에 태어난 세대도 예외가 아니다. 나의 부친 세대인 1920년대 생은 유난히 많은 곡절을 겪었다. 나림 이병주처럼 생각이 깊고 정이 많으며, 고비마다 생사를 넘나들었던 경우라면 더욱 시대 의식이 투철할 수밖에 없다. 그 세대는 바로 전 세대에 있었던 망국의 전말(顚末)과 정서를 들어 알았고, 3.1운동의 후과(後果)로 주위 어른들이 고초 겪는 모습을 목도했다. 두보가 '춘망(春望)'에서 외던 "국파산하재(國破山河在)"를 실감하며, 망국의 현장에 있었다.

『바람과 구름과 비』 주인공 최천중은 1920년대 생의 할아버지 세대다. 철종 말년에 세상에 나와 고종의 시대를 살며 500년 된 나라가 저물어가는 현장에 있었다. 소설은 철종 14년 1862년부터 고종 32년 1895년까지를 망라한다. 그 난세 풍운에 풍운남(風雲男) 최천중은 천당과 지옥을 오가는 기막힌 곡절을 겪으며 정면으로 맞선다.

산천운명(山川運命)이란 게 있다. 이를테면 전쟁이나 자연재해 같은 것이다. 어이없음과 부조리함에 그저 황망할 뿐인 상황. 발버둥치고 아무리 애써도 어쩌지 못하는 무력감 상황. 한마디로 망연자실. 망국도 그런 맥락이다. 망하는 것은 망하게 두어야 한다. 아니 더 빨리 더 확실하게 망하게 부추겨야 한다.

최천중은 조선이 망하고 있고 이미 망해야 했으며 하루빨리 망해야 하는 이유를 세 가지로 정리한다.

첫째, 지배자의 무능이다. "생선은 머리부터 썩는다"라는 말이 있다. 나라나 민족의 쇠망은 지도층의 부패 무능에서 시작한다. 최천중은 고종의 무능과 매관매직 그리고 나라보다 사직 사직보다 사욕을 먼저 챙기는 행태를 신랄하게 비판한다. 결정적일 때마다 물러서고 도망가며 자기 안전을 최우선시하는, 한마디로 겁 많은 혼군(昏君)이었다. 내부의 권력투쟁에는 능숙하나 국제정세엔 어두우면서도 집요하게 정국을 좌지우지하려는 민비 또한 준엄하게 평가한다. 특히 신령군이란 무당에게 휘둘리는 대목이 아연하다. 나림은 신령군이 큰 스승으로 모시는 황봉련이 민비와 만나 "신(神)은 믿으시되, 낭비하지는 마소서"라고 충언하는 장면을 공들여 구성한다. 대원군은 카리스마도 있고 결단력도 있어 일부 개혁적 조처를 하기도 했으나, 수구적이고 폐쇄적이어서 당대의 카운터파트 청의 이홍장이나 일본의 이토 히로부미와 대세를 논하기는 어려웠다. 그 크리티컬(Critical)한 시기에 척화비(斥和碑)를 세우는 등 선견지명은 없었다.

둘째, "여기 인물이 있다." 하며 내세울 만한 인재가 부족했다. 불만에 가득 차 극적 변화를 바라는 민심을 수람 할 영웅이 없었다. 그나마 가장 역동적인 세력이 개혁파였으나 모두 넘치거나 처지거나 하는 약관의 서생들이었다. 민심을 모을 줄 몰랐고, 조급했으며, 외세 의존적이었다. 특히 일본 의존적인 대목이 고약했다. 마키아벨리의 실전 조언이다. "스스로 지키려 하지 않으면 그 누구도 돕지 않는다."

최천중은 미국 푸트 공사를 여러 번 만나 세상 견문을 넓힌다. 시 한 수로 위안스카이의 마음을 산 절세 시인 민하와 청관(淸館)의 관리 소민을 통해 청의 사정을 소상히 듣고 있고, 독일 공사에게서는 영세중립이란 방책도 배운다.

최천중은 개화파 인사들의 뜻과 기상은 가상히 여기지만 미더워 하지 않는다. 갑신정변 전 거사 자금을 요청하는 김옥균에게 출사표를 확인하고 윤치호를 통해 구상도 듣지만 끓기도 전에 넘치는 경박함과 무모함을 크게 우려한다. 개혁은 목숨 걸고 루비콘강을 건너는 모험이고, 건너는 데 그치는 게 아니라 끈기 있게 밀고 나가는 역량이 있어야 한다. 인품으로 품고 세력으로 몰아가야 한다. 정치는 언제나 결과로 평가받는 것이지 의도가 중요한 건 아니다.

김옥균파는 세도 약하고 품도 없었으며 무엇보다 세상을 너무 얕잡아 봤다. 삼일천하라고 할 것도 없는 삼일의 돌풍이었다. 김옥균은 왕을 모시고 대궐 내에서 안절부절못하고 수다를 떨었을 뿐, 누구한테 호령 한번 못 하고 궁서(窮鼠)의 몰골로 일본으로 달아나고 말았다. 나림의 김옥균 평가는 냉정하다. "모사(謀事)의 재(才)는 있으나 성사(成事)의 능(能)은 없는 인물"이다. 다만 김옥균이 부관참시 되고 양화진에 효수되자 최천중은 사흘 동안 칩거하며 애도하고 유족에게 거금을 보내 조문하는 정은 보인다.

셋째, '조국의 부재' 상황에서 백성은 자포자기했다. 최천중은 조정을 내부에서 뒤엎는 건 불가능하다고 판단하여 백성이 봉기할 때

호응할 발판을 마련하려 한다. 외우(畏友) 곽선우가 이렇게 충고한다. "백성이 모두 썩어 있소. 분토(糞土)로 담을 쌓을 수는 없소. 썩은 백성이 난동하고, 썩은 백성이 배신하고, 썩은 백성이 구경하고…" 백성은 누가 무엇을 하든 개의치 않는 무신경 상태다. 왕과 대관들이 콩으로 메주를 쑨다고 해도 믿지 않을 정도다. 조선 백성은 조선이란 나라가 망한다고 해도 슬퍼하지 않는다. 사회적 신뢰가 거의 동이 났다.

그래도 동학에 희망이 있었다. 최천중은 기본적으로 장자(莊子) 풍이지만 『동경대전』과 『용담유사』를 통독하고, 책사 박종태를 통해 최시형과 연락하며 전봉준을 돕는다. 수하 연치성은 정예 별기군을 조직 공주 전투에도 참전한다. 최천중은 왕재(王才) 왕문을 중심으로 강원수, 김웅서 등 개혁 인사를 신분 구별 없이 탁발한 재능만으로 충원하고 동학의 세와 이념을 더해 망조 든 조선을 기꺼이 버리고 새로운 나라 세우기를 꿈꿨다. 꿈은 아무리 크게 꿔도 괜찮다.

하지만 동학운동은 처참하게 좌절한다. 이유는 많지만 크게 두 가지로 정리할 수 있다. 첫째, 지배자의 이익을 침범하는 사상은 서학 천주교이든 동학 시천주 사상이든 모두 사악하게 여겨졌다. 목을 베거나, 난을 일으킨다면 청병, 일군, 누구든 불러와 섬멸해야 했다. 기득권은 강고했다. 둘째, 남접과 북접의 대립 등 수양 위주냐

보국안민을 위해 봉기해야 하느냐를 두고 동학은 일사불란하지 못했다. 전봉준은 일세의 대인물이었으나 전국적 봉기를 추동하지는 못했다. 무엇보다 주류 유림이 이단시했다.

김옥균은 위로부터 혁명하려다 민심을 얻지 못해 실패했고, 동학은 아래로부터 혁명하려다 상층부 지지를 얻지 못해 실패했다. 슬픈 일이다. 최천중의 큰 꿈은 17인 지사가 모여 나라 안의 나라 신국(晨國)을 세우는 것으로 바뀐다. 새벽이란 이름의 망명정부다. '망명', 나림에겐 의미가 각별한 단어다.

16

천재 시인을 사랑한 천재 나림
『바람과 구름과 비』 3

나라는 망했으나 산하는 여전하다. 참 수연(愁然)한 대목이다. 나림 이병주가 즐겨 인용하는 두보의 시다. '춘망(春望)'의 한 대목 "국파산하재(國破山下在)"는 『바람과 구름과 비』 앞부분에 인용된다. 대하 서사의 웅장함과 처연함을 한 마디로 압축하는 서시답다.

이 시는 장편 소설 『산하』에도 나오고 나림이 필화를 겪게 한 장편 에세이 「조국의 부재」 서두에도 등장한다. 1960년 『새벽』 겨울호에 실린 「조국의 부재」는 돈이든 권력이든 힘 가진 자의 간담을 서늘하게 하고 경향의 식자(識者)를 격동시킨 명문으로, "조국이 없다. 산하가 있을 뿐이다."로 시작한다. 인류 역사와 한국사를 관통하는 통찰에 전율이 이는 글로, "국파산하재"의 나림 버전이다.

나림의 문장은 소설보다 오히려 에세이에서 더 빛난다는 평이 많다. 나는 둘 다 좋다. 문사일체(文史一體)의 정수를 구현한 사마천과 에세이스트 루쉰을 사숙하고, 레토릭의 절정 고수 니체를 깊이 연구했으며, 소설의 새 지평을 연 도스토옙스키 전문가인 나림의 문장은 소설과 에세이 모두 명문일 수밖에 없다. 거기에 더해 나림은 탁발한 시인이기도 하다. 자작시가 작품 곳곳에 자연스레 배치되고, 한시(漢詩)를 비롯한 숱한 동서양의 명시가 적재적소에 촌철살인으로 인용된다. 특히『바람과 구름과 비』는 한시와 자작시의 향연이다. 난세 풍운의 험한 곡절을 기록하고 건국의 그랜드 디자인을 그리는 대서사에 붙인『바람과 구름과 비(碑)』타이틀 자체가 시다.

　누구나 마음에 시가 있다. 슬픔과 고통은 누구에게나 예외를 두지 않기 때문이다. 물론 가끔 감당하기 어려운 기쁨의 순간도 있다. 하지만 전제적으로 보면 인생은 기쁨보다는 슬픔과 고뇌가 더 많다. 누구나. 인생 칠정, 희노애락애오욕(喜怒哀樂愛惡欲) 중 단지 3개만 기쁘고 사랑스럽고 즐거울 뿐이다. 나머지 4개는 버겁고 괴롭다. 당시(唐詩) 300수나 송사(宋詞) 300수 중 후세의 공감을 얻어 애송되는 시의 대부분은 애상(哀傷) 시다.
　『바람과 구름과 비』도 기쁨에 겨워 쓴 시와 환락의 감탄은 적고 고뇌와 수탄(愁嘆)의 시는 많다. 원호문의 시 "국가불행시인행(國家不幸詩人幸)"이 바로 그런 맥락이다. 나림은 이 대목을『바람과 구름과 비』뿐 아니라『행복어 사전』을 비롯한 여러 작품에서 거듭 인용한다. 세상에 행복한 시인은 없다. 나라가 불행해야만 시인이 행복하다면 그 행복이 행복일 수는 없다. 시는 그렇게 만들어지는 것이란 나림의 뜻이다. "시는 시인의 운명이 완성되는 것을 증오한다". 두보의 절창이다.

나림은 장자 풍이다. 소설『장자에게 길을 묻다』는 장자의 상상력에 나림의 상상력을 더한 걸작 중 걸작이다. 나는 나림의 장자에 대한 헌사로 읽었다.『바람과 구름과 비』에는『장자』의 "혜고부지춘추(蟪蛄不知春秋)"가 인용된다. 대하소설『지리산』에도 "매미는 가을을 모른다"라는 문장이 나온다. 하루살이 버섯은 초하루와 그믐을 알 수 없고, 매미나 쓰르라미는 봄가을을 모른다. 짧은 생은 긴 생을 이해할 수 없고, 작은 지식으로 큰 지혜를 파악할 수 없다. 사실 혜고(蟪蛄) 뿐 아니라 사람도 인간과 세상을 아는 척해서는 안 된다. 인정과 세사를 조금이라도 제대로 이해하려면 인간의 심연과 세상의 넓음을 먼저 인정해야 한다. 선뜻 나설 일이 아니다.

한 무제「추풍사」의 "환락극혜애정다(歡樂極兮哀情多)"가 등장하면 긴 겨울밤의 질펀한 축제도 사그라진다. 환락이 절정에 이르면 오히려 슬픔의 정이 스민다. 로맨티스트 최천중의 최애(最愛) 시다.

나림은 난해시(難解詩)로 소문난 이상은의 '금슬(錦瑟)'을 한 구절 한 구절 해설하기도 하고, 광통교 책방에 막 입수된 공자진의『정암문집』을 읽어주기도 한다. 공자진은 뛰어난 시인이기도 하지만 청말 개혁가와 혁명가에게 깊은 영향을 준 대사상가다. 나는 중국 사상을 공부하는 학도로 나림이 공자진의 저술까지 숙독하고 있는데 놀랐다. 과연 나림의 경지는 어디까지일까. 깊게 숨을 들이켜고 다시 나림을 공부하게 된다. '나림학', 기초 닦기가 요원하다.

위징 '술회'의 한 대목 "인생감의기, 공명수부론(人生感意氣,功名誰復論)"도 나림 애창시다. 나림이 15세부터 애송하던 시다. 중학생이 이와나미 문고판 『당시선(唐詩選)』에 실린 이 시를 읽고 해설하는 대목에서 백부가 흐뭇해하는 장면이 『지리산』에 나온다. 『바람과 구름과 비』의 최천중이 뜻 맞는 인사를 만날 때마다 함께 외며 의기를 모은다. "의기투합하면 그것으로 충분하지, 인생에 굳이 공명을 논할 이유가 없다."라는 골기 그득한 사나이의 호언이다. 그 호언은 세월에 꺾이고 세상에 바래면서 대개 허언으로 끝나고 만다. 국사(國師)다웠던 위징 정도 되어야 비로소 술회할 수 있는 경지다.

나림이 특히 좋아했던 시인이 이하(李賀)다. "이태백이 천재라면, 백거이는 인재이며, 이하는 귀재(鬼才)다." 심장을 토하듯 시를 쓰다 24세에 백발이 되고 27세에 요절한 귀재 이하에게 나림은 동병상련을 느꼈다. 귀기(鬼氣) 어린 재능을 맘껏 펼쳐보지 못한 것이 안타까웠고, 청춘을 잃어버린 세대로서 공감도 있었다. 나림은 "나의 불우와 불행은 청춘을 잃었기 때문이다"라고 회고했다. 이하의 대표 시 '문우 진상에게 바침' 한 대목이다. "장안의 한 젊은이, 나이

스물에 벌써 마음은 늙어버렸다. 능가경을 늘 책상에 두고 초사도 손에서 놓지 않지만, 곤궁하기만 한 인생, 저녁나절 그저 술 한 모금 마실 뿐이다." 회재불우(懷才不遇) 천재의 적막과 허망이 물씬 느껴진다.

나림은 천재를 아끼고 좋아했다. 귀기 서린 천재라면 더욱 존경의 념이 강하다.『허균』이 그렇고,『허드슨강의 강변 이야기』의 알렉스 페트콕이 그러하며,『지리산』의 박태영이 그렇다.『바람과 구름과 비』는 최천중을 비롯한 17인 지사의 고군분투 활약상이지만, 결국 남은 건 천재 시인 민하의 시 몇 편이다. 그렇게 보면 이 대하소설 또한 천재에 바치는 송가라 할 수 있다. 천재에 대한 송가는 허무와 절망의 역사에서 스스로 생명력을 잃지 않고 살아남은 사람들에 대한 찬사다.

천재는 내부에 엄청난 에너지를 가진 사람이다. 나림은 거기에다 "감격할 줄 아는 재능"을 더했다. 천재는 감격성에 있다. 아름다운 것을 상찬하고, 훌륭한 것에 감격하며, 착한 일을 존경하는 마음과 정열을 가진 사람이다. 그 에너지와 감격성은 일상의 굴레에 구속되지 않는다. 천재는 삶부터 죽음까지 스스로 선택하는 자유인이다.

나림 한시의 절정은 민하가 모(母) 자와 무(舞) 자를 제자(題字)로 지은 시다. "모자사주자(母字似舟字), 일견사주형(一見似舟形), 만적인 애하(滿積因愛荷), 여사불피경(如斯不避傾)". 뜻은 "어미 모란 글자는 배 주자를 닮았다. 얼핏 보면 비스듬한 배 모양이다. 사랑의 짐을 가득 실었으니 이렇게 기울어질 수밖에 없다."로 풀이할 수 있다. 나림의 사모곡(思母曲)이다.

무(舞)를 갖고는 이렇게 썼다. "무자사무(舞字似無), 무직환상(舞織幻像), 여순여류(與瞬如流), 종내무화(終乃無化), 무자사무(無字似舞), 무심화무(無心化舞), 무심무심(舞心無心), 불이무무(不二舞無)". 해설하면 "춤추는 무는 없을 무와 닮았다. 춤은 베 짜듯 환상을 꾸며 순간순간 흐르다가 결국 없을 무로 화한다. 없을 무는 춤추는 무와 닮았다. 무심이 춤으로 화하니 춤추는 마음이 곧 무심이다. 춤출 무와 없을 무는 원래 둘이 아니다."이다. 나림의 예술론이자, 인생론이다.

『바람과 구름과 비』는 실록과 허구가 천의무봉으로 얽힌 대하드라마다. '오실오허(五實五虛)', 절반은 실록이고 절반은 허구다. 천재 시인 민하가 실존했는지 확인할 길이 없다. 나는 귀재(鬼才) 민하의 시는 나림의 자작시라고 확신한다.

10권의 서사에 다 담지 못한 이야기
『소설 이용구』

 책을 10권 쓰고도 미처 못 한 사연이 남는다. 미련을 해소하는 방법은 11권째를 이어 쓰거나 번외 편을 쓰는 것이다.

 나림 이병주는 『바람과 구름과 비』 10권을 썼지만, 동학에 대해 하고 싶은 이야기가 더 있었다. 그리고 정신적 지도자의 변절에 대해서도 한마디 하고 싶었다. 자신의 변절을 어떻게 합리화하는지 그 변명을 들어보고자 했다. 처음엔 도중(道衆, 동학인이 대중을 이르는 호칭)을 속이다가 결국은 스스로 기만하는 그 흐름을 따라서 가보는 것이다.

 이용구(1868-1912)는 문제적 인물이다. 22세에 동학에 입교한 그는 동학 2대 교주 최시형의 고제(高弟, 학식과 품행이 뛰어난 제자)였으며, 3대 교주 손병희에게 경전 『용담유사』의 아홉 구절을 딴 '용구'란 이름을 37세에 하사받았을 정도로 신심 깊고 리더십 갖춘 지도자였다. 조정의 탄압과 일본의 방해에도 포교에 목숨을 걸었던 맹장이었다. 그러던 이용구는 전략적으로 용일(用日) 하자는 손병희 교주의 명에 따라 위장 친일하다 어느 순간 자가당착 논리를 세워 신념형 친일을 한다.

러일 전쟁에서 동도(同道)들을 동원하여 일본군을 돕고, '정미칠적'의 대표 송병준과 의기투합하여 일진회 회장을 맡는다. 한일병합 청원을 제창하며, 안중근 의사가 저격한 이토 히로부미 장례 날 독립문에서 추도식을 연다. 만주에 교도들을 이끌고 가 한국과 일본의 대등 합병을 선양하겠다며 가쓰라 다로 수상에게 거금의 활동자금을 청원하기도 한다. 3백만 원을 요구하는 이용구에게 가쓰라는 3천만 원이라도 기꺼이 내겠다고 호언 하더니, 나눠 쓰라며 15만 원을 주고는 한일병합 1주일 만에 일진회 해산을 명령한다. 한마디로 낙동강 오리알 신세, 토사구팽당한 것이다. 이용구는 귀족 작위도 거절하고, 자책과 허망에 빠져 결핵 요양하며 일본에서 마지막을 보낸다. 우인(友人) 우치다 료헤이에게 "우리는 참 바보짓 했다. 혹시 처음부터 속았던 건 아닐까."라고 유언했다. 과연 이용구는 누구에게 속은 것일까.

나림의 결론은 "이용구는 이용구 자신에게 속은 것이다. 이용구에게 결정적인 적은 바로 이용구 자신이었다."이다. 다만 나림 체질

상 "그의 시체에 더 이상 매질은 하지 말자" 주의다. 그럼에도 "그를 용서할 수 없는 것은 내가 나를 용서할 수 없기 때문이다. 그를 욕할 수 없는 것은 내가 나를 욕할 수 없기 때문이다."의 심정이다. 나림이 '소설 이용구'를 쓴 건 무릇 악인의 말 가운데도 들어둘 만한 내용이 있기 때문이다.

소설은 이렇게 시작한다. "하늘은 노하고 땅은 토라지고 대기는 인간의 악의로 가득한 그런 곳 그런 시대가 역사상에 더러 있었다." 걷잡을 수 없을 만큼 처참한 악의가 한때 이 나라를 휩쓴 적이 있었다. 그 악의의 회오리 속에서도 가시덤불에 떨어진 씨앗처럼 사람들은 애써 살았다. 이 사람 이용구도 그 가시덤불에 떨어진 씨앗의 하나다. 이용구는 우필, 상옥, 만식, 대유, 해산, 봉암 등 10개의 이름을 썼다. 한 사람이 44년의 길지 않은 인생을 살면서 이처럼 많은 이름이 무슨 까닭으로 필요했을지, 나림은 아마 가시덤불과 유관한 사정이 아닐까 하고 짐작한다.

이용구는 공주 전투에서 다쳤다. 공주 전투는 동학에게 불가피했지만 무모한 싸움이었다. 불가피했다는 건 동학군의 1차 봉기 승리의 후유증 때문이다. 개혁이든 혁명이든 어떻게든 마무리를 해야 하는 상황이 된 것이다. 그리고 무모했다는 건 농민 봉기를 진압하기 위해 청군과 일병을 부른 고약한 조정 탓인데, 구체적으로 청일전쟁에서 이긴 일본군이 정부군과 합세하여 참전했기 때문이다. 일본군의 무기와 기세 앞에 칼과 죽창을 든 동학군은 추풍낙엽이었다. 애초 전투랄 것도 없는 대살육이었다.

1894년 1월 탐관 조병갑을 내쫓고 고부군을 점령한 이후 파죽지세로 호남 전역을 석권하고 전주성을 접수한 동학군은 6월에 정부군과 '전주화약(全州和約)'을 맺는다. 그 내용이 개혁을 넘어 혁명적이다. 노비문서를 불태우고, 백정, 기생, 무당, 광대 등 칠천인(七賤人)의 대우를 개선하며, 청춘과부의 재혼을 허락한다는 조항은 시대의 흐름이라 할 수 있다. 탐관오리와 횡포한 부호를 엄벌하고 불량한 유림과 양반을 징치(懲治)한다는 조항도 봉기의 명분이니 넣을 수 있다.

하지만 잡세 부과를 폐하고, 일체 공사(公私) 채무를 포기하며, 토지를 평균 분작한다는 조항은 매우 도전적인 내용이다. 거기에 더해 전라도 53주에 집강소를 설립하여 관청과 함께 폐정개혁에 착수했고, 지방관이 도주한 곳에선 아예 행정기관을 대행했다. 이른바 거버넌스 구상인데, 동학은 진보적이고 큰 꿈에 비해 상황 판단은 너무 나이브했다. 조선 조정은 그런 경장(更張)을 해낼 역량과 의지가 없었다. 급한 나머지 수용하는 척했으나 그렇게 쉽게 기득권을 포기할 조정이 아니다.

조정은 동학군 진압을 위해 청군을 불렀고, 10년 전 청일이 맺은 톈진조약을 내세워 일군도 군함과 육군을 인천에 상륙시켰다. 청일은 풍도에서 충돌하고, 성환에서 크게 싸웠으며, 평양에서 결판을 냈다. 일본이 대승했다. 기세등등한 일군이 정부군과 함께 동학을 궤멸하려 남하하는 위급 상황에 동학은 전봉준을 총지휘로 10만여 명이 모여 2차 봉기했다. 이용구도 청주 접주로 2천 명을 초모(招募)해 전투에 참전했다. 일본의 무기와 전술을 농민군의 투지만으로 당해낼 수는 없었다. 이용구의 일본에 대한 공포의 감정이 이 패주의 시간에 심어진 것일 수도 있다.

3년여 도주하고 은신하며 이용구는 포교에 힘썼다. 동학의 유불선 삼교 일치 교리를 가르치고, 시천주의 의미를 설파했다. "수운 선생은 유(儒)는 인륜을 밝혔으나 현리(玄理)에 도달하지 못했고, 불(佛)은 묘법에 통했으나 궁극엔 적멸에 들 뿐이며, 선(禪)은 청허(淸虛)를 지키되 세간엔 무용하다고 갈파했다."라고 하며, 사람이 곧 천이며, 천이 곧 사람이란 교리를 전도했다. 형상이 있는 것을 사람이라고 하고 형상이 없는 걸 천이라고 한다. 천주는 우리 자신 속에 있으며, 자신 속에 있는 천주를 소중히 하는 게 곧 시천주다. 이용구는 주문 시 잠언을 종횡으로 구사하며 회중을 인도했다.

이용구는 체포되었으나, 우필이란 가명이 살렸다. 접주 시절엔 상옥이었으나 갖은 고문을 당하면서도 그 이름을 대지 않았다. 극단의 극기로 4개월 만에 석방되어, 다시 포교에 나섰다. 동학에 우호적인 사람에게 이런 말을 들었다. "동학이 가르친 게 두 가지다. 옳은 일 하면 이 나라에선 맞아 죽는다. 이 나라는 도저히 자주적으론 해 나갈 수 없다."

교주 손병희는 10년 기한으로 미국 등에서 세계 문명 공부하며 교세를 확장하기로 하고 이용구와 일본으로 향했다. 일본의 진보가 충격이었다. 좋건 나쁘건 먼저 일본 발전의 비밀을 알고자 했다. 처음엔 위장 친일이었으나 이용구는 점차 일본을 존숭하는 마음이 생겼다. 전환의 구실을 찾고 있던 이용구에게 다루이 도기치의 『대동합방론』은 사상적 근거가 되었다. 김옥균도 정독했던 책이다.

이용구는 오스트리아 헝가리 제국을 롤모델로 조선과 일본의 대등한 합방을 구상하게 된다. 여기에 매국노 송병준이 끼고, 중국 혁명가 쑨원을 지원하고 필리핀의 독립운동가 아기날도를 응원하는 대아시아주의자 우치다 료헤이가 합류한다. 진정성과 사심이 섞이는 대목이고, 연명의 구실과 대의명분 그리고 야심이 뒤엉키는 대목이다. 동학은 반일 천도교로 바뀌고 친일 이용구를 축출한다. 이용구는 시천교를 창립, 교주가 된다.

나림이 즐겨 인용하는 백거이의 시가 있다. 제목은 '태행로(太行路)'. 마지막 대목이 이렇다. "행로난(行路難), 부재수(不在水), 부재산(不在山), 지재인정반복간(只在人情反覆間)." 인생길 어려움은 물 탓도 아니고 산 탓도 아니며 그저 사람 마음의 변덕 질 탓이다.

참으로 그렇다. 나림은 이용구의 삶을 정리하며 악인의 들어둘 만한 말로 "인생막불탄무상(人生莫不吞無常)"을 예로 들었다. 인생길, 무상을 삼키지 않는 사람은 없다. 덧없는 세월, 우리는 모두 한 조각 바람일 뿐이다. 다만 같은 한 조각이라도 그 바람이 향기일 수도 악취일 수도 있다는데 삶이 두려운 것이다.

에피타프(Epitaph)를 앞에 두면 누구나 겁난다. 영국의 록 그룹 킹 크림슨이 부른 명곡 〈에피타프〉의 한 구절이다. "Confusion will be my Epitaph." 혼돈 혼란이 나의 묘비명이 될 것이다. 비(碑)에 새길 글이 그저 혼란 한 글자라면 그건 비감(悲感)이다.

『바람과 구름과 비(碑)』 타이틀의 의미를, 나는 나름의 번외 편 『소설 이용구』까지 읽고 나서야 비로소 이해했다.

이병주의 롤모델 사마천
『사기』 1

　누구에게나 닮고 싶은 사람이 있다. 이른바 롤모델이다. 기록자 문학을 작정한 이병주의 롤모델은 『사기』를 쓴 사마천이었다. 기록문학의 걸작 『그해 5월』에서 나림 이병주는 자신의 분신으로 '이사마'를 등장시킨다. 이사마는 이병주 스스로 취한 필명이다. 기꺼이 이병주식 사마천이 되기를 다짐한 것이다.
　나림이 『사기』를 처음 접한 것은 성환혁이란 선비 덕분이다. 선비라는 말의 가장 좋은 의미와 어감에 꼭 알맞은 인격과 자질을 갖춘 분이다. 위당 정인보가 "해동 유일의 청사(淸士)"라고 상찬했다. 이병주에겐 처 외숙이 되는 어른이기도 하다. 인상적인 대목은 해인대학 강사로 명강의를 펼쳤으나 오래지 않아 사임하며 했던 말이다. "아이들은 엿을 달라고 하는데 내겐 줄 것이란 술밖에 없다."

성환혁이 원문 3함(函) 26책(冊)의 전질 『사기』를 들고 와서 "신학문 하는 사람이라도 『사기』쯤은 읽어둬야 하네. 서양인에게 배우는 게 있다면 서양인에게 가르쳐주는 게 있어야 하지 않겠나. 내가 간혹 와서 거들어 줄 테니 읽어보도록 하게."라고 권했다. 당시엔 학력이 모자란다는 이유로 그 호의를 놓쳤다. 해방정국 때의 일이다. 후회막급이었다.

이후 나림은 두 번의 결정적인 계기로 『사기』를 읽게 된다. 우선 다케다 다이준(武田泰淳)의 『사기의 세계』를 읽은 충격이고, 다음 영어(囹圄)의 신세가 된 운명 탓이었다. 다케다 다이준의 사마천 해설은 단연 압권이다. "사마천은 삶으로 치욕을 견딘 남자다."로 시작하는 서문은 박력 있다. 그가 『사기』에 관심을 가지기 시작한 것은 중일전쟁의 격심한 현장을 누비면서다. 전쟁터에서 현실의 가열(苛烈)함, 역사의 가열함, 세계의 가열함을 생각하며 오랜 세월을 살아남은 고전의 강력함을 뼈저리게 느꼈다는 것이다. 본질적인 무엇을 찾는 대목에서 『사기』에 근거가 될 만한 그 무엇이 있다는 생각에 귀국 후 사마천에 천착한다.

다케다는 『쾌락』으로 일본 문학 대상을 수상한 소설가로 유명하지만, 어려서부터 부친에게 중국과 일본의 역사책으로 교육을 받고 도쿄제국대학 중문학과에 입학한 학력이 있다. 한학 공부가 싫어 대학을 중퇴하고 반전 평화운동을 하다 체포되기도 했다. 1937년부터 2년 동안 중국에서 전쟁 체험을 한 것이 계기가 되어 다시 고전을 연구하게 된 것이다. 나림의 미완성 유작 『별이 차가운 밤이면』에 박달세가 우치야마 서점에서 다케다 다이준을 조우(遭遇)하여 루쉰 이야기를 하는 대목이 나온다. 우치야마 겐조가 연 서점은 중일 문화 교류의 현장이었다. 루쉰은 상하이 시절 수백 차례 방문하여 수많은 책을 구입했고, 위급할 때 피신 장소로도 활용했다. 우치야마는 루쉰의 든든한 후원자였다. 그 유서 깊은 서점을 리샹란(李香蘭, 야마구치 요시코)이 박달세에게 소개하고 그곳에서 대학 선배 다케타 다이준을 만나 대화를 나눈다.

작가가 되려면 역시 자기만의 경험과 체험이 있어야 한다. 나림은 다케다가 겪은 곡절을 "이렇게 해서 하나의 명작이 햇빛을 보게 된 셈인데, 이것은 또한 고전이란 언제나 새로운 것이며 그 새로운 정신만이 고전을 개발할 수 있다는 증거가 되는 것이다"라고 평가했다. 사마천은 끔찍한 형벌을 받은 뒤 울굴한 마음을 이겨내려고 무서운 집념으로 『사기』를 썼다. 사마천에게 쓴다는 것은 기록한다는 것이었다. 사마천은 자신의 한과 혼을 담아 가히 다시 없는 문사일체(文史一體)의 기록을 남겼다.

「태사공 자서」의 한 대목이다. "주 문왕은 은나라 감옥에 갇혀 있는 동안 『주역』을 만들었다. 공자는 진나라에서 곤액을 당할 때 『춘추』를 지었다. 굴원은 조정에서 추방되자 『이소경』을 지었고, 좌구명은 장님이 되고서 『국어』를 만들었다. 시 삼백 편도 거의 성현의 발분(發憤)으로 만들어진 것이다. 다들 울굴함을 풀 길이 없어 과거를 되돌아보고 미래를 굽어보게 된 것이다." 그런 심정에 공감하며 나 사마천도 『사기』를 썼다는 고백이다. 여기에 '이사마 자서'를 가상해 한 대목 보태자면 "이병주는 필화를 겪으며 교도소에서 기록자 문학을 작정하고, 『소설 알렉산드리아』를 단숨에 썼다. 그 발분으로 100권의 소설과 에세이를 지었다"로 되지 않을까 싶다.

나림은 5.16 직후 영도 경찰서 유치장에서 『사기』를 읽기 시작했다. 성환혁이 준 원서는 전쟁의 난리에도 온전히 보관하고 있었으나 우선 일본어 번역으로 읽었다. 유치장 2개월 반 동안 일역을 완독하고, 서대문 형무소로 옮긴 후 원서를 차입했다. 역시 한서(漢書)는 원문으로 읽어야 맛이 난다. 억울하게 궁형을 당한 운명의 인간이 쓴 책을 억울하게 10년 형을 받은 인간이 읽고 있다는 상황은 세월을 넘는 공감을 일으켰다. 인사(人事)와 세정(世情)엔 공간의 차이도 없고, 중요한 문제는 현재나 과거나 똑같이 중요하다는 인식이 생기며 역사에 나름 개안(開眼)하게 되었다. 동시에 기록자로서의 엄격한 각오와 어떤 시련이라고 결국 스스로 견뎌내야 한다는 다짐도 하게 된다.

나림의 『사기』 읽기는 사마천이 "남근을 잘린 남자의 몰골로" 단좌(端坐)하여 저술에 몰두하는 모습을 상상하는 대목에서 기록자의 처절한 각오로 이어진다. 사마천이 본격적인 저술에 착수한 건 기원전 104년이고, 치욕을 감수하고 궁형으로 죽음을 면한 건 기원전 97년이며, 저술을 완성한 것은 기원전 91년이다. 종이도 만년필도 없던 시대다. 흐릿한 호롱불 아래에서 대를 쪼개 얇게 다듬은 죽간에다 모필로 한 자씩 새겨 130권 2부를 만든 것이다. 1부는 태산에 보관하고 1부는 황제에게 진상했으나 한 무제는 내용에 대노하며 죽편 꾸러미를 내동댕이쳤고, 사마천의 관직도 파면했다. 절대 권력자를 위인전이나 영웅전으로 쓰지 않고 온갖 약점을 가진 존재 특히나 신비주의에 빠져 술사와 점사를 우대하고 신선술에 영일이 없었다고 적시했으니 황제가 노발대발하는 것도 이해할 만하다.

사마천은 필화를 당하고도 기록에 목숨을 건 것이다. 당대에는 황제의 힘을 이길 길이 없으나 기록은 후대까지 읽고 또 읽을 것이니 과연 누가 진정한 승자인지 한번 겨뤄 보자는 자신감과 복수심이 느껴지는 대목이다. 2천 년이란 시간을 격해 깊은 공감을 한 나름의 고백이다. "그러니 『사기』는 나에게 성서이고 사마천은 나에게 결정적인 스승일 수밖에 없다."

기록자는 써야 할 것과 쓰지 않아도 될 것을 결정하는 사람이다. 써야 한다고 결정한 일은 어떤 일이 있어도 써야 한다. 기록자의 엄격함을 보여주는 실례를 사마천은 「제태공 세가」에 이렇게 기록하고 있다. "제나라의 권력자 최저가 임금 장공을 죽였다. 사관은 '최저가 장공을 시해했다'라고 기록했다. 최저는 그 사관을 죽였다. 사관의 동생이 '최저가 장공을 시해했다'라고 다시 썼다. 최저는 그 동생도 죽였다. 그 아래 동생이 또 똑같이 기록했다. 최저도 차마 세 번이나 죽일 수는 없었다. 세 명의 형제가 그렇게 죽음을 무릅쓰고 기록을 지킨 것이다." 사관은 기록자다. 사관이 붓을 들지 않으면 이 세상에 기록이 남지 않는다. 다만 기록만 해두면 후대까지 남는다.

나림은 역사 앞에 겸손하지만 역사를 신뢰하지 않는다. 이유는 명백하다. 마르크 블로크가 『역사를 위한 변명』에서 탄식했듯 역사란 인류의 어리석음이 되풀이된 과오의 기록이기 때문이다. 역사학자들이 역사학계의 영웅으로 대우하고 성자로 추앙하는 마르크 블로크는 조국 프랑스가 독일에 패해 파리에 나치 깃발이 펄럭이는 것을 보며 "난리를 당한 원인을 몇 번이고 되풀이해 마음속으로 물었다. 역사가 우리를 속인 것은 아닐까"라고 자문했다. 유사한 참사를 거듭 겪으면서도 역사에서 배우려 하지 않는 인간의 아둔함 앞에 역사의 무력함을 통감한 것이다. 마르크 블로크는 50대 중반에 소르본대학 교수직을 그만두고 레지스탕스 활동에 참전하다 처형된다.

그럼에도 역사는 쓸모가 있다. 나림은 『행복어 사전』의 소설가 지망생 서재필을 통해 이렇게 말한다. "허망하다고 무용한 것은 아니다. 허망이야말로 인생의 실질이고 역사의 실질이다. 역사로서도 부족하고 신문 기사 기록으로도 부족한 그 무엇을 위해 문학이 있다."

 현자는 역사를 즐겨 읽지만 믿지는 않는다. 신뢰할 수 없는 역사의 빈곤을 채우는 게 소설의 역할이다. "역사는 산맥을 기록하고 나의 문학은 골짜기를 기록한다"라는 나림의 문학론이 선명하다.

결국 역사의 중심은 사람이다
『사기』 2

펜은 칼보다 강하다는 말이 있다. 과연 그 말은 말이다. 펜은 칼보다 강하지 않다. 다만 칼은 지구의 판도를 이리저리 변경한 일은 있어도 인간에게 인간을 알리는 작용은 못 한다. 펜은 무력했지만, 문화를 기록했다. 문화란 궁극적으로 인간화 작업이다.

나림 이병주는 "무력한 펜이 강력한 칼을 압도하는 것은 그 인간화라는 점에 있다"라고 했다. 에세이 「글을 쓴다는 것」에서 사르트르의 회고록 『말』의 마지막 부분을 인용한다. "나는 나의 펜을 오랫동안 칼인 양 생각해 왔다. 이제 와서 나는 우리의 무력함을 알았다. 그래도 좋다. 나는 지금도 책을 쓰고 앞으로도 책을 쓸 것이다."

사마천도 붓이 칼보다 강하다는 신념을 가졌다. 아울러 붓의 무력감도 절감했다. 무의미한 흐름 같으면서도 의미가 있는 것이 역사라고 인식했다. 사마천은 도가의 무위를 익힌 사람이다. 무위는 아무것도 하지 않는 것이 아니라 억지로 하지 않는 것을 말한다. 우격다짐이나 어거지로 밀어붙이는 게 아니고 자연스레 하면서 모든 일을 다 이루는 것이다. '무소불위(無所不爲)'는 바로 그런 뜻이다. 사마천은 역사가의 무위는 결국 무소불위임을 믿었다. 역사가는 그저 기록할 뿐이다. 사실을 기록하고 그 기록된 사실이 스스로 말하게 하는 것이다. 기록함으로 모든 일을 다 한 셈이 된다. 역사의 재판관이 되는 것이다. 당당한 제왕의 칼보다 초췌한 기록자의 붓이 더 무섭다는 것을 보여주는 대목이다.

나림은 『그해 5월』에서 사마천이 쓴 「임안에게 보내는 답서」 전문을 소개한다. 서신에는 이런 대목이 있다. "죽음은 하나다. 어떤 죽음은 태산보다 무겁고, 어떤 죽음은 깃털보다 가볍다." 협기(俠氣)의 상남자를 위로하는 말이 비장하다. 이 편지가 산일 되지 않고 2천 년을 살아남은 기적은 이 편지가 뿜어내는 살기(殺氣) 때문이다. 협기나 골기(骨氣)는 목숨과 맞바꾸는 것이다. 이미 산 송장이 되어 버린 사마천과 이릉, 그리고 죽음을 기다리고 있는 임안 세 사나이의 원념(怨念)이 그만큼 깊은 것이다. 국사(國士)의 풍모를 지닌 인재들이 사람다움을 견지하려다 오히려 가장 비인도적인 박해를 받은 처절함이 느껴지는 대목이다. 사마천은 "맹호가 심산에 있을 땐 백수가 겁내어 몸을 떤다. 그러나 함정에 빠져 우리에 갇히면 맹호도

꼬리치며 먹이를 구걸한다"라며 구차한 연명을 자인하지만, 천년 후에 승부를 보자는 기록자로서의 배알이 있었다.

나림은 『사기』 구성의 수발(秀拔)함에 먼저 주목한다. 사마천은 통사(通史)를 창시했다. 복잡한 세계의 내력을 기술할 최상의 방법을 모색한 것이다. 무엇을 기록할 것인가 이전에 어떻게 기록할 것인가를 고민했고, 연대기적 기록인 편년체를 넘어 위대한 창작을 해냈다. 그리고 그 탁발한 구성은 곧바로 내용과 통한다. 구성과 내용에서 동서고금을 통틀어 『사기』에 비견할 역사서는 없다.

사마천은 개인이 역사의 중심이라고 통찰했다. 역사를 힘의 역사로 정의하고, 그 힘의 주체는 인간이라고 여겼다. 두 가지 의미가 있다. 세계의 중심은 하늘이 아니라 인간이라는 뜻이 하나이고, 정치적 인간의 에센스이자 권력의 중심인 제왕도 결국은 인간으로서의 운명을 벗어나지 못한다는 뜻이 또 하나다. 제왕도 대체로 시시하지만 "그 시시한 권력의 중심"이 역사의 결정적인 대목을 장식한다는 사실을 수긍할 수밖에 없는 기록자의 아연함이 느껴진다. 역사의 교통사고처럼, 하나의 인물로 세상이 온통 바뀌게 된다면 역사는 우연의 연속이랄 수밖에 없다. 그럼에도 사마천은 개인을 넘는 법칙을 지향하기보다 시종 개인에 천착했다.

역사의 주체가 정치적 인간이라면 중심이 되는 정치적 인간의 기록은 본기(本紀)다. 중심을 둘러싼 정치적 인간 집단의 기록이 세가

(世家)이고, 정치적 인간 개인 개인의 기록이 열전(列傳)이다.

본기는 개성 강한 인간 개인을 웅혼한 필력으로 현란하게 묘사하고 있다. 특히 「진시황 본기」와 「항우 본기」의 활사(活寫)가 빛난다. 진시황은 무력으로 천하를 통일했다. 하지만 "시황불락(始皇不樂)"이다. 시황이 행복하지 못했던 이유는 불안했기 때문이다. 시황은 죽음을 들먹이길 싫어했다. 사마천은 시황이 순시 도중에 객사한 뒤의 모습을 건조하게 묘사한다. 썩는 냄새가 진동하여 수레에 생선 더미를 한 가마씩 얹어 호송했다. 절대자도 죽으면 썩는다고 기록한 것이다. 나림은 "본기의 주인공 제왕도 보통 사람과 똑같은 원소로 이루어졌다는 뜻"이라고 해설했다.

본기 중의 압권은 단연 「항우 본기」다. 우선, 초한대전(楚漢大戰)에서 유방에게 패한 항우를 제왕으로 대우한 것이 놀랍다. 세가나 열전이 아닌 당당한 본기다. 다음, 「고조 본기」 유방 앞에 항우를 먼저 기록한 것이 예사롭지 않다. 세계의 중심이 항우와 유방으로 양분되었다는 뜻이다. 초한전은 세계의 두 중심이 천하를 두고 쟁패한 것으로, 승자 유방의 진면목을 밝히려면 패자 항우의 영웅 기세를 드러내야 하는 것이다. 두 세계가 충돌하는 대목을 사마천은 문사일체(文史一體)로 드라마틱하게 기록하고 있다. 나림도 유방보다 항우에 더 주목한다.

사실 항우와 유방의 다툼에서 유방이 이긴 것은 불가사의한 일이다. 군사력과 인간적인 매력 그리고 출신 성분까지 유방은 항우에

비해 까마득히 모자랐다. 그만큼 항우가 일방적으로 유리한 조건이었다. 그럼에도 8년 동안 70여 차례 싸움에서 모두 이겼던 상승장군 항우를 마지막 전투에서 사면초가에 몰아넣어 승리한 유방의 비결은 무엇일까. 역으로 그 기막힌 조건을 갖고도 실패한 항우는 어디서 잘못된 것인가.

나림은 그 차이를 성정(性情)에서 찾는다. 유방은 비루했고, 항우는 개결(介潔)했다. 유방은 체면 불고했고 악랄했다. 항우는 포악했으나 구차하지 않았으며 결국 그 체면 때문에 자결했다. 둘의 성정을 한마디로 표현하면 항우는 노(怒), 유방은 인(忍)이다. 『항우 본기』에 가장 많이 보이는 글자가 노(怒)자다.

항우는 불같은 성격에 자주 화를 냈다. 노의 충동이 항우의 일생을 관통한다. 최후를 맞으며 한번 웃었다. 그 웃음도 우습거나 즐거워 웃은 건 아니다. 반면 유방은 좀체 노하지 않는다. 유들유들 배짱이 좋아 참고 또 참는다. 참을 인(忍)은 마음 심에 칼 도가 들어간 글자다. 칼로 자신의 마음을 찌르고 다스리는 것이다. 급한 사람과 느긋한 사람이 싸우면 급한 쪽이 백전백패다.

나림이 주목한 또 한 대목은 사마천이 유방과 항우 모두에게 "읍수행하(泣數行下)"란 표현을 썼다는 것이다. 항우는 마지막 전장 해하에서 사면초가를 들으며 슬프게 몇 줄기 눈물을 흘렸다. 유방은 고향 패에 금의환향하여 기고만장 대풍가(大風歌)를 부르며 "읍수행하"했다. 기막힌 대조다.

　나림은 「항우 본기」의 마지막 대목 읽기를 좋아했다. 역발산기개세(力拔山氣蓋世)의 희대의 영웅이 최후의 결전 전야에 애인 우희를 앞에 두고 "그대를 어찌할꼬, 어찌할꼬" 한탄하는 장면은 센티멘탈리즘의 극치다. 그리고 이미 진 전쟁에서 단기필마 전투로 힘 자랑을 하는 장면은 한심하지만 연민이 느껴진다. 강을 건너 후일을 도모하라며 한 척 남은 배에 오를 것을 정중하게 권하는 오강의 정장에게 웃으며 "나를 따르던 강동의 청년들을 모두 잃은 지금 무슨 낯으로 그들의 부형을 마주하겠느냐"며 스스로 목을 찌른 최후는 개결하다. 항우는 시종 스타일리스트였던 것이다.

　유방은 후흑(厚黑)으로 천하를 얻었고 개국 황제가 되었다. 중국 역사상 가장 얼굴이 두껍고 마음이 검은 황제다. 항우는 호쾌한 영웅의 삶이 천하 얻기보다 먼저였다. 항우의 영웅 놀이는 동정과 연민을 얻었다. 유방은 역사가 되었고, 항우는 신화가 되었다. 송대의 여류시인 이청조(李淸照)는 "살아서는 인걸이고, 죽어서는 귀웅(鬼雄)이다. 지금도 항우를 그리워하는 건 구차하게 강동으로 돌아가지 않았기 때문이다"라며 항우의 개결함을 기렸다.

　끈적끈적한 승자보다 장엄한 패자가 더 드라마틱하다. 항우의 비극성은 정치적 낭만주의와 허무주의에 가 닿는다. 영웅은 인간 존재의 극대화다. 영웅이 영웅인 이유는 비극성과 일회성 때문이다. 나르시시스트 항우를 보는 나림의 눈이 따뜻하다. 항우의 낭만성과 허망함은 인생과 세상 앞에서 전전긍긍하는 우리에게 허망의 프리즘 하나를 제공한다.

제왕도 영웅도 결국 사람일 뿐이나, 역사의 중심은 사람이다.

사마천과 공자 그리고 이병주
『사기』와 『논어』

나림 이병주는 딜레당트를 자처했다. 딜레당트는 도락가(道樂家)다. 자유분방하게 즐기며 사는 사람이다. 특별히 잘하는 전문 분야 없이 대체로 불성실한 팔방미인을 뜻하기도 한다. 그런 의미에서 치열한 기록자 작가였던 나림의 딜레당트 자처는 다분히 겸손이다.

작품 속 나림의 분신인 성유정과 유태림이 대표적인 딜레당트이다. 문사철(文史哲)에 두루 통하고 고급 취미를 향유하며 탈속함과 허무함이 몸에 밴 『지리산』의 하영근도 딜레당트를 자처한다. 『명정 40년』을 쓴 변영로는 하영근(실명 하영진)과 어울려 가졌던 유쾌한 주석(酒席)의 기억을 수필로 남겼다. 당대 자유 문사들의 교학상장 하는 자리, 짧은 글에서도 '문자향 서권기'가 느껴진다. '봉상스(bon sense) 있는 딜레당트', 양식을 갖춘 도락가, 귀족적 문화인은 귀하다. 르네상스 맨이 자신을 낮추어 딜레당트라고 한다.

나림은 인간을 규범에 다 담을 수는 없다고 했다. 넘치는 인생을 도덕이 다 감당할 수는 없는 일이다. 그런 의미에서 나림은 질서와 규범을 강조한 공자보다 자유와 해방을 중시한 장자류다. 『바람과 구름과 비』의 최천중은 장자를 숭상했고, 『행복어 사전』의 서재필은 '예외자의 정신'으로 살아가는 외류(外流)다. 나림 자신 호탕하고 분방한 삶을 즐겼다. 하지만 나림은 인간 공자에게는 무한한 공감과 연민을 표한다. 좌절한 큰 지식인의 포부와 간절함을 긍정하고, 안 되는 줄 알면서도 '그럼에도 불구하고 정신'으로 애써 무리한 일을 해가는 용기와 정의로움을 경모한다. 나림의 유언이 공자가 한 말 "기서호(其恕乎)"다. 서(恕), 용서하고 품는 것이다.

나림은 역사를 철저하게 공부했다. 과거의 사실을 밝히는 것에 더해 그 사실의 현대적 의미와 현재의 함의를 찾아내는 것이 역사를 읽고 이해하는 궁극의 뜻이라고 믿고 동서양의 사서를 통독했다. 무의미한 것 같으면서도 결국은 뜻을 드러내는 게 역사다. 기록된 사실은 스스로 말한다. 역사 기록자는 그걸 믿고 목숨을 건다. 기록자가 행간에 숨긴 본의(本意)마저 언젠가는 밝혀진다. 그래서 역사가 무섭다.

나림은 사마천을 사숙한 『사기(史記)』전문가다. 본기와 열전을 분석하고, 세가도 꼼꼼히 살폈다. 『사기』의 세가 30편 중 나림이 가장 주목한 대목은 「공자 세가」다. 「공자 세가」의 의미는 지식인의 긍지와 한이다. 큰 지식인은 옛날이나 지금이나 슬프고 아프고 쓸쓸하다. 인사와 세정을 문명적으로 고뇌하자니 즐거울 수가 없다. 안목도 있고 포부도 있고 방법론도 있다. 하지만 현실의 벽은 높고 길은 울퉁불퉁 굽어 있다. 자주 좌절하고 절망하며 한이 깊어진다. 사마천은 그 원과 한의 상징적인 인물로 공자를 본 것이다.

정나라 사람이 공자 혼자 있는 모습을 보고 '상가의 개'라고 했다. 제자의 전언을 듣고 공자는 그 표현을 웃으며 인정했다. 은근한 자부심과 절대적인 자신감을 품고 있으면서도 초상집의 개 신세를 자인한 것은 천하에 절망했다는 뜻이다. 나라 없는 인간이란 뜻이고, 의탁할 곳 없는 문화인이란 뜻이다. 공자 같은 큰 지식인의 숙명이기도 하고, 사마천 자신의 한이기도 하다. 나림이 즐겨 쓰는 표현인 "조국은 없고, 산하만 있을 뿐이다"란 말과 맥락을 같이 한다. 「공자 세가」는 공자가 14년 천하 주유한 끝에 절망하지 않을 수 없었던 사연을 기록하고 있다.

사마천은 외유내도(外儒內道)의 전형이다. 외유내도란 겉으로는 반듯하고 꼿꼿한 유학자 풍이지만 안으로는 유연하고 탈속한 도가풍이란 뜻이다. 사마천은 공자의 11대손 공안국에게 『상서(尙書)』를 배웠고, 유학을 통치 이데올로기로 세운 동중서에게 『춘추(春秋)』를 배웠다. 「공자 세가」는 이렇게 마무리한다. "나는 공자 저술을 읽고 그 인품을 알았다. 공자 묘당을 찾았더니 10여 대(代)가 지났지만, 학자들이 그의 예를 강습하고 있었다. 한때 성하지만, 군주나 현인 모두 죽고 난 뒤에도 찾는 경우는 잘 없다. 천자 왕후를 비롯하여 육예(六藝)를 중시하는 사람은 모두 공자를 표준으로 한다. 지성(至聖)이라 일컬을 만하다."

사마천은 공자의 인물과 사상을 아주 객관적으로 묘사한다. 유교를 신봉하는 제자로서가 아니라 치우침 없는 역사가로 기록했다. 이상을 품은 리얼리스트로서의 공자 모습을 담담하게 묘사하고, 출신과 사상을 소개하며, 도가와 법가의 공자 비판도 아울러 기록하고 있다. 걸익, 장저, 접여 등 도가 계열의 인사는 공자에게 아집을 버리라는 충고를 한다. 법가 안영은 "유학자는 신용할 수 없고 오만불손하다. 상례(喪禮)를 성대하게 한다"라며 의식을 지나치게 중시하는 경향을 비판하기도 했다.

나림 작품 곳곳에 공자의 언행이 등장하고 『논어』 구절이 인용된다. 나림이 특히 좋아하는 대목이 세 군데다.

첫째, 『관부연락선』에 『논어』의 "생이지지(生而知之) 학이지지(學而知之) 곤이학지(困而學之)"가 인용된다. 나림과 친구들이 도쿄에서 『목민심서』를 읽고 구약성경보다 더 비참한 느낌이라는 독감(讀感)부터 정약용이 철저한 허무주의자냐 아니냐를 거쳐 다산은 한국의 마르크스다 아니다, 하는 주장까지 열띤 토론을 하면서 나온 이야기다.

　공부(工夫)를 중시하는 공자 사상에서 이 대목은 아주 중요하다. 생이지지는 태어나면서 아는 사람이니 천재다. 학이지지는 공부해서 아는 사람이니 수재다. 곤이학지는 어려움을 겪으면서 배우는 사람이니 대견하다. 여기까지는 공부가 통하는 영역이다. 그다음이 문제다. "곤이불학(困而不學)" 어려움을 겪고서도 배우지 못하는 사람, 가장 못난 사람이다. 공자는 "살면서 '어찌할까, 어찌할까'하고 고민하지 않는 사람은 나도 어찌해야 할지 모르겠다."라고 했다. 배우려 하지 않거나 배우지 못하는 자, 최악이다. 공자는 스스로 생이지지가 아니고 학이지지라며 겸손해했다.

　둘째, 『여사록』은 나림이 1976년에 발표한 작품이다. 진주 농고에 재직했던 동료 교사들이 꼬박 30년 뒤 서울 요정에 모여 회포를 푸는 내용의 다큐 같은 소설이다. 『논어』의 "서자여사(逝者如斯)"에서 제목을 따왔다. 이 대목은 공자가 강물 흘러가는 모습을 보며 "흐르는 시간이 마치 강물 같구나. 밤낮을 쉬지 않네."라고 한 감상이다. 나림은 20대 청년이 50대 중년이 되어 만나는 장면을 『여사록』이라 명명했다. 세월도 무상하고, 은원(恩怨)도 무상하다는 뜻이다.

　해방정국, 학교는 좌우로 갈라져 허구한 날 싸웠다. 60명 교사 중 혁명하다 죽은 사람, 전쟁 중에 죽은 사람도 여럿이고, 군문(軍門)에 들어 장군이 된 사람, 대학 총장이 된 사람, 권력 실세가 된 사람도 있고, 옥고를 치른 사람, 사상 운동하다 전향한 사람도 있다. 30년 만에 모인 자리, 처음엔 어색하다. 친한 사람끼리 바둑도 두고 아슬아슬한 인신공격성 농담도 오고 간다. 하지만 수작(酬酌)이 거듭되며 서운함과 미움은 옅어지고 지금 살아 있음을 서로 인정하고 긍정한다.『관부연락선』에서 M과 S 등 약자로 등장했던 동료의 실명도 공개된다. 회합 묘사가 어른스럽고 담담하다. "서자여사"다. 깊은 허무감은 삶의 에너지다.

셋째, "기서호"는 나림의 여러 작품에 인용된다. 1982년에『나모두 용서하리라』란 제목의 에세이집을 내기도 했다. 제자 자공이 "평생 행할만한 한마디가 있을까요?"하고 스승에게 묻는다. 공자의 답이 "서(恕)"다. 나림은 이 대목을 평생 외며 살았다.『산하』의 로푸심은 서노일체(恕怒一體)란 글을 써 놓고, 실천했다. "기서호"를 실천하며 학처럼 살다 간『그 테러리스트를 위한 만사』의 경산은 철천지원수마저 품으며 인간 회복을 본다. 나림의 본의다.

공자의 사상을 수긍하든 아니든 인정하지 않을 수 없는 건 그의 진지하고 성실한 삶의 태도다. 공자가 일흔에 술회한 삶의 자취는 난세를 살아낸 거인의 자취 그 자체다. 곳곳에 유혹과 위험이 숨어 있고 처처에 함정이 도사리고 있는 난세를 살면서도 답답하고 안타까울 정도로 삼가는 자세를 잃지 않았다. 자기를 닦는 데 꾀부리지 않았고 남을 가르치는 데 게으르지 않았던 인생, 학문이 그대로 지성이 되고 그 지성이 곧 인격이 된 지혜롭고 따뜻한 인물. 포폄(褒

貶)이 분명한 사마천도 공자의 그런 삶의 자세를 높이 평가했다.

   나림은 사마천을 흠모했고, 사마천이 쓴 「공자 세가」를 열독(熱讀)했다. 나림의 「사기론(史記論)」 중 본기의 항우 품평과 더불어 세가의 공자 품인이 단연 일품이다.

21

골기(骨氣)의 문인, 잡감문(雜感文)의 대가
루쉰 1

 사람과 책과의 만남이 사람과 사람과의 만남보다 더욱 결정적인 경우가 있다. 이병주와 루쉰의 만남이 바로 그런 경우다. 벼락 맞은 것 같은 첫 만남 이후 이병주는 끊임없이 루쉰과 대화했다. 루쉰의 시각으로 시대를 봤고, 에세이스트 루쉰의 통찰과 레토릭을 교본으로 삼았다. 시종 족탈불급을 느꼈다. 루쉰은 따라 하기는 힘들고 그렇다고 버릴 수도 없는 참 버겁고 거북한 교사였다.

 루쉰(魯迅 1881-1936)은 중국 근현대 문인 중 가장 존경받는 인물이다. 중국 문인들은 '민족의 영혼'으로 추앙하고 있다. 루쉰은 작가로서의 골기(骨氣)와 학자로서의 깊이 그리고 문인으로서의 인격과 문격(文格)을 두루 갖춘 대재(大才)다. 「광인일기」와 『아큐정전』은 백화문(白話文) 운동의 대표작이다. 루쉰의 소설과 에세이는 혁명 시기를 강단 있게 살아낸 한 인간의 기록으로 그리고 절절한 휴머니즘으로 근현대 문학의 고전이다. 『중국소설사략』은 최초의 중국 소설사다. 서양 근대의 소설 개념을 넘어서 중국의 소설은 신화 전설부터 시작했다고 당당하게 기술하고 있다. 루쉰은 지사로서의 문인 이전에 진지하고 꼼꼼한 고전학자이기도 했다.

이병주가 루쉰을 만난 것은 도쿄에서 공부하던 스무 살의 어느 날이었다. 그날을 정확히 기억하는 이유는 일본이 미국 영국에게 요란하게 선전포고를 한 날이기 때문이다. 1941년 12월 8일, 하와이의 진주만 기습에 성공했다는 뉴스를 대대적으로 보도하는 도쿄 거리는 상당히 들떠 있었다. 그날 오후 간다(神田)의 서점에서 『루쉰 선집』문고판을 구입했다. 200페이지 남짓 얇은 책이라 두 시간 안 걸려 완독했다. 그리고 루쉰에게 빠졌다. 사람을 사로잡는 무서운 힘을 가진 작가임을 절감한 것이다.

당시 나림은 프랑스 문학도답게 "랭보와 말라르메 등 프랑스 상징주의 문학에 미쳐있었는데, 루쉰을 읽고 부끄러워졌다". 바로 이웃에 이런 문학이 있는데 이때까지 뭘 했나 하는 뉘우침에 프랑스 문학과 잠시 결별하고 루쉰에게 몰두했다. 고서점에서 『대 루쉰 전집』을 구했으나, 구어체 문장으로 쓰여있어 한문 지식만으론 역부족이었다. 중국인 동학에게 백화문을 배워 그 장벽을 넘었다.

일본은 일찍부터 루쉰 연구열이 대단했다. 1927년 단편소설 「고향」이 번역된 이후 모든 소설과 대부분의 산문이 여러 형식으로 출판되었다. 루쉰의 작품은 중국의 특수성을 넘어 동아시아적 보편성을 갖고 있었고, 전통과 근대 사이를 고민하는 한 상징이었기 때문이다. 거기에 더해 혁명적 열정 내지는 사회주의 리얼리즘의 맥락으로 러시아 작가 고리키와 루쉰을 비교하는 풍조마저 있었다. 다만 나림은 루쉰을 사회주의 리얼리즘의 범주로 취급하는 것에 탐탁해하지 않는다.

  나림은 교직에 있던 시절 루쉰을 다시 읽었다. "진주 시절 나는 술을 마시지 않으면 루쉰에 빠져 있었다. 한다는 말이 주로 루쉰에 관한 것이었고, 루쉰 연구가 내 평생 과업이 될지도 모른다."라고 했다. 해방정국은 루쉰과 같은 스승이 절실한 시기였다. 나림은 루쉰의 시각으로 좌익과 우익을 봤다. 그 결과는 우익으로부터는 용공 분자로 몰리고, 좌익으로부터는 악질 반동으로 몰렸다. 가장 너그러운 평가가 회색분자였다. 사람다움을 견지하며 인간과 인간의 사이에 서 있었더니 양쪽에서 다 돌이 날아와 얻어맞는 신세가 된 것이다. 루쉰도 한때 비슷한 비난을 받고 곤경에 빠진 적이 있었다.

  20여 년 후 진주 시절 친구 음악가를 만났더니 그의 첫 질문이 "아직도 루쉰 연구하고 있나?"였다. 나림은 루쉰 따라 하기 끝에 필화(筆禍)를 겪었다. "필화의 원인은 루쉰을 충전하게 배우지 못한 나의 성실성 부족과 기량 미흡에 있다."라고 겸손했지만, 친구에겐 "중공이 루쉰을 너무나 신격화하며 이미지를 흐려놓고 있어 루쉰의 의미를 활달하게 파악하기 어렵다. 그래서 차일피일하고 있다."라고 얼버무렸다. 친구는 소련이 베토벤을 숭상한다고 베토벤을 외면해야 하냐며 얼굴을 찌푸렸다. 친구 김점덕은 성악가이자 음악평론가였고, 나림이 가장 즐겨듣는 곡이 베토벤의 교향곡 '운명'이었다.

사실 나림이 「루쉰과의 대화」를 쓴 이유 중 하나도 마오쩌둥을 비롯한 공산당 지도자들이 루쉰을 과도하게 띄우고 자기 편으로 삼고 있는 현실에 대한 반감이었다. 루쉰 자신 결코 받아들일 수 없는 심각한 왜곡이다. 나림이 루쉰에 깊이 공감한 것은 혁명성보다 인간성 내지는 인문성 때문이었다. 농사를 예로 들자면, 나림이 생각하는 혁명의 문학이란 좋은 씨를 뿌리고 때맞춰 잡초를 뽑아주며 쟁기질을 깊게 하라는 것이다. 인간의 문학은 좋은 씨를 뿌리든 잡초를 열심히 제거하든 토양이 산성화되어 있으면 아무 소용이 없으니 토양 비옥화 작업이 더 중요하다는 것이다. 혁명의 문학이 그해 그해의 작물에 집중하는 것이라면, 인간의 문학은 대지의 생산성에 집중하여 긴 흐름으로 보람을 기대하는 것이다. 루쉰의 소설은 눈앞의 혁명 성과보다 인간의 본질 문제에 중점을 두었다. 선동보다 은유와 풍자로 인간다움을 깨우치고 있다.

마오쩌둥은 루쉰을 혁명의 문화 아이콘 삼아 사상가이자 혁명가로서 숭상했다. 마오쩌둥은 옌안(延安) 시절에 쓴 「심원춘 설」에서 자신을 칭기즈칸과 송 태조, 당 태종 등 역대 가장 인정받는 다섯 황제와 비교하여 그들의 장단점을 열거한 뒤 진정한 풍운 인물은 당대의 나밖에 없다는 자부심을 드러낸 바 있다. 자만심이 뚝뚝 묻어나는 시다. 그런 그가 유독 루쉰에게만은 "루쉰은 중국의 첫 번째 성인이다. 공자도 아니고 나도 아니다. 나는 그의 학생이다."라며 겸손했다. 루쉰의 책을 성경으로 읽었다. 그러던 마오쩌둥이 반우파 투쟁이 한창이던 때에는 루쉰이 살아있었더라면 감옥에 갇혀 글을 쓰고 있거나 상황을 알고 아무 소리 않고 가만히 있었을 것이라고 했다.

나림은 이 대목에서 사르트르의 「스탈린의 망령」을 인용한다. 사르트르는 혁명의 전과 후 상황이 현저하게 달라지는 과정을 그렸는데, 나림은 루쉰이 그나마 공산혁명 전 1936년에 타계한 것이 명성을 위해 다행한 일이라고 말한다. 사르트르는 혁명 전에는 당과 인민의 이해가 일치하고 노동자와 농민의 이해가 일치하며 정치인과 문화인의 이해가 일치하지만, 혁명 후에는 그 이해관계에 분열과 대립이 발생해 결국 인민을 위한다는 당이 인민을 억압하게 된다고 했다.

루쉰이 만약 문화대혁명 시기까지 생존했더라면 과연 어떤 선택을 했을까. 궈머뤄(郭沫若)처럼 자아비판하고 자기부정을 하며 연명했을까 아니면 라오서(老舍)처럼 홍위병의 박해를 못 이겨 호수에 몸을 던졌을까. 나림은 자기 소신에 철저했던 루쉰은 절대 타협하지 않았을 것으로 추측한다. 선동선전에 동원되지도 않았을 테고,

폭정에 동조하지도 않았을 것이다. 그 결과는 마오쩌둥의 예상대로 죽거나 다치거나 침묵하거나였을 것이다. 혁명 전 일치의 시대에만 살아서 인간주의적 문학자의 자질과 혁명적 논객의 면목이 절묘하게 조합되는 모습만으로 남게 된 것이다.

나림과 루쉰의 공통점이 많다. 현실에서 밀려난 시절 느꼈던 적막과 슬픔이 창작의 동력이 된 것도 유사하고, 힘 있는 간결체 문장을 쓰는 것도 아주 닮았다. 평범 속에서 의미를 조명해 내는 진실함과 성의도 비슷하고, 시대의 파도를 넘지 못하고 낙백(落魄)한 인물들을 애틋하게 여겨 작품화한 대목도 비슷하다. 무엇보다 먹으로 쓴 거짓말은 피로 쓴 사실을 덮을 수 없다는 지사적 문인으로서도 동지다. 불경에 조예가 깊고 니체에 심취했던 것도 같다.

나림은 루쉰의 소설 『아큐정전』을 10번 이상 읽었다. 그리고 엄청난 분량의 잡감문(雜感文)을 정독했다. 루쉰은 장편소설 1편 없이 중편 1편과 단편 32편 그리고 잡감문만으로 대문호가 된 희귀한 경우다. 잡감문이란 에세이다. 루쉰의 글을 읽으면 잡(雜)의 의미를 다시 생각하게 된다. 잡을 잡스럽다는 부정적인 의미로 풀면 잡문은 정문(正文)과 대조되며 그만큼 격이 떨어진다. 하지만 '잡'에는 절충하고 융합한다는 긍정적인 의미도 있다. 말하자면 집대성한다는 뜻이다. 제자백가의 잡가(雜家)가 바로 그런 뜻의 학파다. 오늘날 르네상스 맨이란 존재가 바로 '잡놈'이다. '잡놈', 어려운 경지다. 누구나 도달할 수 있는 경지가 아니다.
　잡감이란 문체는 루쉰에겐 문학성을 지닌 논문이다. 나림도 기막힌 잡감문을 많이 썼다.

당대의 거인 루쉰과 나림
루쉰 2

　루쉰은 일본 유학 시절 양사(良師) 둘을 만난다. 「후지노 선생」이란 소품에서 그리움을 표현한 센다이 의대의 은사 후지노(藤野)와 타계 며칠 전 미완성 만사(輓詞)를 바친 국학 대사 장빙린(章炳麟)이다. 해부학 교수 후지노는 유학생 루쉰의 필기를 매주 주필(朱筆)로 봐주고 때로 간절한 충고도 해준 따뜻한 스승이었다. 학문 있는 혁명가 장빙린은 의학을 포기하고 문학을 작정한 루쉰에게 혁명의 열정을 심어준 전사(戰士) 스승이었다.

　나림 이병주는 「후지노 선생」에서 인생의 기미(機微)와 루쉰의 소신을 읽는다. 나림은 위대한 사상이나 명성은 없지만 그래도 자상하고 훈훈한 후지노란 인물보다 「후지노 선생」을 쓴 루쉰을 대단하게 여겼다. 이 소품은 1926년 루쉰이 샤먼(廈門) 대학에 재직할 때

쓴 글이다. 항일과 배일의 풍조가 중국 천지를 지배하고 있던 시절이다. 그 대목에서 "내가 스승으로 모신 분 중 가장 나를 감격시키고 격려해 준 사람"이라며 일본인의 이름을 밝힌 것 자체가 상당한 용기다. 평범하면서도 특별한 한 인물을 위대한 스승으로 기억하고 발표한 루쉰을 나림은 높게 평가한다.

  그 작품에서 루쉰은 의사 되기를 포기하고 문예 운동을 하기로 마음을 다지게 된 계기를 설명한다. 수업 시간에 슬라이드로 본 러일 전쟁의 한 장면이었다. 스파이 혐의로 처형되는 중국인과 무표정하게 바라보는 동포의 모습, 그 광경에 만세를 부르며 박수를 치는 일본 동학들 그리고 그 교실에 단 한 사람 중국인인 자신. "아아. 이 이상 할 말이 없다. 그때 그 자리에서 나의 생각이 변한 것이다." 루쉰은 의학 공부를 분연히 그만두고 동포의 정신 개조에 나섰다. "우약(愚弱)한 국민은 체격이 아무리 좋고 건강해서 오래 살아도 기껏 본보기의 재료나 되고 그것을 구경하는 구경꾼이 될 뿐이기" 때문이다. 나림은 루쉰의 이 결정에 주목한다. 1년 남짓만 더하면 의사가 되는데 그리고 보통의 경우 의사 자격을 일단 얻은 다음에 문학을 해도 좋다고 타협하기 마련인데 루쉰은 시작부터 소신에 철저한 지사(志士) 문인이었다는 것이다.

  용기와 소신의 루쉰은 장빙린의 훈도를 받고 유일(留日) 7년 만에 귀국한다. 교사도 하고 교육부에서도 근무한다. 신해혁명에 나름

참가도 한다. 나름 참가했다는 것은 혁명이란 명분으로 어중이떠중이가 사리(私利)를 취하는 풍조에 거리를 유지했다는 뜻이다. 그리고 그 끝은 군벌의 횡행이었다. 왕조를 전복하고 공화국을 세웠으나 그저 허울뿐 민족이 지닌 병폐가 일시에 노출되고 세상은 지리멸렬 수렁이 되었다. 과연 누구를 위하여 종을 울렸나 싶었다. 루쉰의 환멸과 적막은 심각했다. 루쉰은 자신의 혼을 마취시키고 고대(古代)로 침잠했다. 고비(古碑)의 사본을 뜨고 고문헌을 들추는 고전 연구는 마취의 효과는 있었다. '장미와 와인' 대신 고전 공부에 천착했다. 하지만 적막과 슬픔이 사라지지는 않았다.

친구 진신이가 「신청년」에 기고를 제안한다. 진신이는 장빙린 문하에서 『세설신어』 등을 함께 공부했던 첸쉔통(錢玄同)이다. 플라톤의 '동굴의 비유' 같은 선문답을 주고받은 끝에 루쉰은 자신의 적막감을 청년들에게 전염시키지 않기 위해 승낙한다. 그렇게 탄생한 「광인일기」는 중국 문학사와 루쉰 모두에게 기념비적 작품이다. 최초의 백화문 소설이고, 루쉰 소설의 원형이다. 귀국 9년 뒤, 혁명 7년 뒤인 1918년 일이다.

나림의 「광인일기」 독감(讀感)은 탁발하다. 광인 앞에 나폴레옹과 라스콜리니코프를 등장시킨다. 루쉰의 시대는 온갖 지식인들이 다 나타나 전통과 서구화 사이에서의 고민을 백가쟁명 하던 시절이다. '타도! 공자'부터 중체서용(中體西用) 그리고 전반적 서구화까지 말이 되면 무엇이든 주장했다. 춘추전국시대에 이은 제2의 사상의 전성시대, 이념의 자유시장이었다.

　루쉰은 근대 사상으로 전통을 조명하는 시도는 모두 허망하다고 느꼈다. 유교 이데올로기를 내면에서 비판하려 했다. 피해자 하나를 등장시켜 그 피해자가 가해자로 전환하는 과정을 묘사하는 수법을 썼다. "모든 일은 연구해야만 알 수 있다. 나는 역사책을 들춰 조사했다. 이 역사책에는 연대도 없고, 어느 페이지에나 인의도덕(仁義道德)이란 글자가 너절하게 쓰여있었다. 잠도 오지 않고 해서, 한밤중까지 자세히 들여다보았더니 글자와 글자 사이에서 진짜 글자가 보였다. 책 꽉 차게 쓰여 있는 두 글자는 식인(食人)이었다." 루쉰은 유교 이데올로기를 사람 잡아먹는 사람이 사람에게 먹히고 사람에게 먹히는 사람이 또 사람을 먹는 상황을 만든 사상이라고 풀이한 것이다.

　나림은 내용과 취의(趣意)는 다르지만 루쉰의 방법이 도스토옙스키의 『죄와 벌』과 통한다고 했다. 도스토옙스키는 인간 유형으로서의 나폴레옹을 고학생 라스콜리니코프의 심상에 집어넣어 개인 나폴레옹의 의미를 인간의 의미로 확대 심화한 것이라고 나림은 해석했다.

　나림은 『아큐정전』을 10번 이상 읽었다. 첫 독후감은 농민문학도 아니고 혁명 문학도 아닌 듯한데 뭔가 석연하지 않다는 느낌이었다. 두 번째는 아큐가 총살당하는 장면을 중심으로 읽었으나 작가의 잔인한 시선만 보였다. 루쉰은 아큐에 대한 동정도 없고 관중에 대한 공감도 없다고 느꼈다. 다음엔 우승기략(優勝記略) 즉 정신 승리법에 초점을 맞춰 읽었다. 그래도 미진했다. 루쉰의 다른 작품을 읽으면서도 결국은 다시 『아큐정전』으로 되돌아오곤 했다.

『아큐정전』은 확실히 난해한 소설이다. 나림의 결론은 이렇다. 루쉰은 신해혁명에 실망했다. 아무것도 달라진 게 없다. 민중의 생활도 지배층의 생태도 그대로다. 루쉰은 혁명을 무효 선언한 것이다. 혁명을 횡령당하고도 무력하게 굴종하고 있는 민중을 증오했다. 아큐처럼 산 놈은 아큐처럼 죽어도 싸다. 아큐를 멸시하는 놈, 아큐를 잡아 죽인 놈, 아큐의 처형을 시시덕거리며 구경하는 놈, 누구도 아큐보다 나은 건덕지가 없다. 『아큐정전』은 루쉰의 분노의 책이다.

루쉰이 일생 행복했다고 하긴 어려울 것이다. 다만 쉬광핑(許廣平)을 만난 이후의 10년만큼은 화양연화였다. 나림은 루쉰과 쉬광핑 사이에 오고 간 135통의 서신 『양지서(兩地書)』를 읽고 "루쉰은 사랑에 있어서 승리자"라고 상찬했다. 45세와 28세의 사제로 만나 애인으로 발전하고 다시 동지로 발전하며 그리고 부부로 화합하는 과정이 그야말로 천의무봉의 아취(雅趣)를 풍긴다고도 했다. 적막감과 슬픔 그리고 분노에 몸과 맘을 상했지만, 사랑에서 승리했으면 그것으로 족한 일 아닌가. 쉬 여사가 남긴 『루쉰 회억록』을 비롯한 3권의 책을 나림은 안나 도스토옙스키의 『남편 도스토옙스키의 회상』과 더불어 보물로 간직하고, 고민이 있을 때마다 이곳저곳을 넘겨보곤 했다.

　난세에 소신을 지키며 살기 힘들다. 난세의 처신에 세 가지가 있다. 힘든 때일수록 '그럼에도 불구하고' 정신으로 현장에서 최선을 다하는 게 한 방법이다. 천하는 천하에 두면 된다는 심정으로 관조하고 인퇴(引退)하는 것이 또 하나의 방법이다. 그도 저도 아닌 하루 살면 하루 넘긴다는 심정으로 어영부영하는 것도 하나의 방법이다. 난세의 소신은 때로 목숨과 바꿀 수도 있다. 나림 이병주와 루쉰은 소신을 지키다 혹독한 대가를 치른 공통점이 있다. 친구도 많았고 적도 많았다.

　나림은 루쉰의 유언 중 특히 이 대목에 주목한다. "나의 적은 너무 많다. 나를 미워하는 놈은 나를 미워하도록 놔둬라. 나는 한 놈도 용서하지 않을 테다." 나림은 자신의 청춘을 위한 만사『관부연락선』을 마무리하며 "운명, 그 이름 아래에서만 사람은 죽을 수 있는 것이다."라고 했다. 타계 10년 전에 쓴 또 다른 만사『세우지 않은 비명』에서는 "역성(歷城)의 풍(風), 화산(華山)의 월(月)"이라는 왕어양(王漁洋)의 시구를 인용하며 "마르셀 프루스트처럼 인생을 치밀하게 슬퍼하는 것도 좋지만 한시처럼 풍월적으로 인생을 슬퍼하는 것도 나쁘지 않다. 요컨대 인생은 슬퍼하면 되는 것이니까."라고도 했다. 하지만 이런저런 레토릭을 걷어내면 나림의 진심은 "나 모두 용서하리라"이다. 나림의 유언은 "기서호(其恕乎)"다.

회색인이란 사려 깊은 사람이다. 민중을 믿지는 않지만, 민중의 어리석음을 알기에 깊은 연민을 품고 있다. 어리석음에 분노하고 좌절하지만 끝내 애틋하게 여긴다. 그리고 큰 지식인은 세상을 비판적 시각으로 보는 수준을 넘어 문명적 시선으로 살핀다. 문명적 시선이란 약자를 배려하고, 과거 현재 미래를 통시적으로 파악하는 것이다. 이 시대엔 사라진 폐족 거인족이다. 거인 루쉰과 나림이 더욱 그리운 대목이다.

23

인간 바닥 탐구한 비극적 천재
도스토옙스키 1

도스토옙스키는 잔인한 천재다. 도스토옙스키의 작품은 시종 난해하다. 도스토옙스키의 난해성은 인생의 난해성과 통한다. 깊고 어두운 그의 초상은 "인생에 과연 쉬운 문제가 있을까"라고 말하는 듯한 느낌이다. 도스토옙스키는 인생에 대한 답을 주는 대신 쉬운 문제도 어렵게 만드는 존재다. 그는 바닥에서 인간의 바닥을 탐구한 비극적 천재다.

나림 이병주는 평생 도스토옙스키를 교사 겸 우인(友人)으로 여겼다. 괴롭고 어려울 때 안식처나 의논 상대가 되어 준 소중한 존재다. 나림이 울적할 때는 『작가의 일기』 속 도스토옙스키의 그 억지마저 육친의 아픔처럼 수긍했다. 그에게서 나림이 배운 가장 중요한 것은 인생에서 결코 쉬운 문제란 없다는 사실이다. 도스토옙스키의 천재는 약한 자로서의 인간을 관찰하고 탐구하는 데서 빛났다. 바닥에 닿은 약한 자, 해답이 없다. 예술가의 의무는 문제를 올바로 제기하는 것이지 문제를 해결하는 것이 아니다.

『꽃의 이름을 물었더니』의 박태열은 학병을 피해 고향 원산에서 오지 중의 오지 삼수로 피신하며 도스토엡스키의 『카라마조프가 형제들』을 갖고 간다. 도쿄제국대 철학과 졸업반 박태열이 백두산 근처의 산채에 짊어지고 간 책은 네 종류였다. 칸트와 톨스토이 그리고 니체와 도스토엡스키다. 네 작가 모두 나림이 깊이 읽고 몰두했던 천재들이다.

칸트의 세 비판서는 결론보다 치열한 사고 과정을 중시하는 철학 작업에 유용하다. 정신 체조의 텍스트로 그저 그만이다. 나림은 "모든 철학은 세 비판서 숙독의 바탕 위에 그래프로 좌표화할 수 있다"라고 했다. 나림의 유학 시절 대학생 사회에선 '데칸쇼'가 기본이었다. 데카르트, 칸트, 쇼펜하우어 읽기가 유행한 것이다. 1950년대 한국 대학에서도 그런 흐름이 있었다. 문자 그대로 '쌍팔년도(단기 4288년을 서기로 환산하면 1955년이다)' 이야기지만 요즈음 독서 풍조와 비교하면 과연 격세지감이다. 그런 의미에서 최근 쇼펜하우어 열풍은 이유 여하를 막론하고 고전 읽기라는 면에서 반가운 현상이다.

톨스토이의 『전쟁과 평화』는 인간을 역사의 규모로 관찰하는 데 큰 도움을 준다. 인생의 정념으로 사물을 보고 역사의 규모로 사물을 평가하는 습성을 키우는 데 보탬이 되는 책이다. 톨스토이는 시간과 공간을 관류(貫流)하는 대하(大河)다. 역사를 풍경화처럼 쉬이 그리지만 심오하다. 건강 장수 부귀를 모두 누렸고 영광의 절정에서 세상을 떠났다. 톨스토이의 평화주의와 개인적 아나키즘은 영향력이 크고 깊다.

니체의 『차라투스트라』는 세계를 방관하는 관찰자로서의 수련 기록이므로 정신의 앙양에 도움이 된다. 한동안 산속에서 지내야 하는 박태열은 차라투스트라가 나이 서른에 고향을 떠나 산속에서 10년 수도하며 깨우치는 대목에서 격한 공감을 느낀다.

도스토옙스키의 『카라마조프가 형제들』은 인간 내부에 전개되는 세계를 관조하는 데 도움이 된다. 인간 내면의 고뇌를 도스토옙스키만큼 치열하게 다룬 작가는 일찍이 없었다.

나림은 도스토옙스키를 톨스토이와 이렇게 비교한다. "톨스토이가 종래의 문학을 집대성해서 그 절정을 이룬 거장이라면, 도스토옙스키는 그 절정에서부터 문학의 새로운 기원을 창시한 거장이다." 톨스토이 스스로도 자신 작품을 포함하여 모든 작품을 다 불태워도 도스토옙스키의 작품만은 온전히 보존해야 한다고 유언할 정도로 도스토옙스키를 높이 평가했다.

나폴레옹의 등장을 두고 톨스토이의 『전쟁과 평화』와 도스토옙스키의 『죄와 벌』을 비교한 나림의 통찰은 압권이다. 톨스토이는 역사적 인물 나폴레옹을 같은 규모의 무대를 설정해서 그의 기고만장과 패퇴를 시간과 공간 순으로 정렬한 데 반해, 도스토엡스키는 인간 유형으로서의 나폴레옹을 라스콜리니코프라는 고학생의 심상 속에 집어넣어 개인 나폴레옹의 의미를 나폴레옹 적 인간의 의미로 심화 확대했다.

나림이 처음 읽은 도스토엡스키의 소설이 『죄와 벌』이다. 중학교 때 탐정소설이라고 생각하고 읽었다. 살인하고 고민하다 자수하여 수감 되고 회개하는 형사물 정도라고 생각했다. 유학 시절 법대생들이 라스콜리니코프 사건을 토론하다 난투극을 벌이는 모습을 보고 『죄와 벌』을 다시 읽는다. 하숙집 모의 법정에서 검사는 사형을 구형했고 변호사는 무죄를 주장했으며 재판관은 3년 징역에 집행유예 5년을 선고했다. 검사 역 학생은 잔인한 수법으로 두 명을 살해한 범죄자는 극형에 처해야 하는데 집행유예라니 법관 소질이 없다고 판사 역을 비난했고, 판사 역은 냉혈인 자가 법질서란 명분으로 사람을 예사로 상하게 할 것이니 법관 자질이 없다고 응수하다 급기야 주먹다짐까지 하게 된 것이다.

소란스러운 현장을 나온 나림은 영어와 프랑스어 번역본을 사고, 이와나미 문고판 일역을 구입한다. 먼저 영역을 일역과 대조하여 읽었다. 다음 프랑스역을 영역을 참조해 읽고, 일역을 한 번 더 통독했다. 다시 읽으니 탐정소설이 아니었다. 살인 사건은 줄거리의 중심이되 주제는 아니며, 주제를 부각하기 위한 계기로 활용했을 뿐이다. 살인 사건의 경위에만 주목해 주제를 놓쳐버렸는데도 어릴 때 읽었다고 치고 지나쳐 버릴 위험이 있었다. 고전 명작은 감수성과 독해력이 성숙하기 전에 읽으면 안 된다는 시사를 얻었다. 고전 섭렵이 그저 현학 취향에 그치면 오히려 읽지 않은 것만 못 하게 되기도 한다.

 죄지으면 벌 받는 건 지극히 당연하다. 다만 『죄와 벌』의 의미는 죄를 지었으니 벌 받아야 한다는 뜻만이 아니다. 인간이란 죄짓지 않곤 살 수 없는 존재이며 그렇다고 죄에서 면책될 수도 없다는 뜻이다. 그리고 인간 내면에 복수(複數)의 인간이 있다는 뜻이기도 하다. 사람의 마음속엔 극단적 에고의 이상주의자 라스콜리니코프도 있고 평균적이며 상식적인 인간 라주미힌도 있다. 이타적 인간 소냐도 있고, 무위와 나태의 상징으로 술독에 빠져 자멸하는 마르멜라도프도 있다. 『죄와 벌』을 읽는 것은 스스로 마음 읽는 것과 다름 없다. 누구에게나 마음속에 독사 한 마리는 있다. 성자조차 그 독사를 죽이고 나서야 비로소 성자가 되는 것이다.

 도스토옙스키는 라스콜리니코프를 한 극단으로, 소냐를 또 다른 한 극단으로 하여 인간 내부의 심상을 상트페테르부르크의 크기만큼 확대했다. 『죄와 벌』은 궁핍에 허덕이던 도스토옙스키의 육맥과 심맥에 조명된 상트페테르부르크 풍물지다. 나림은 "도스토옙스키도 그 마음속에서 몇 번인가 라스콜리니코프의 도끼를 쳐든 적이 있었으리라고 추측하는 것은 작가에 대한 모독이 될까"라고 잠시 망설이지만, 결코 모독이 아니라고 단언한다. 도스토옙스키는 마음속에 쳐든 도끼의 의미를 탐구한 끝에 라스콜리니코프로 하여금 센나야 광장에서 무릎을 꿇게 한 것이다. 죄짓지 않고는 살 수 없다는 뜻에서 죄, 그렇다고 죄를 모면할 수도 없다는 뜻에서 벌이란 인식은 처절한 체험이 아니고선 나오기 어렵다는 의미다. 죄와 벌, 인생의 실존적 의미다. 도스토옙스키는 인성에 통달한 천재다.

나림은 도스토옙스키가 사형대에 서게 된 이유를 알기 위해 유럽과 일본의 자료를 치열하게 찾았다. 재판기록까지 샅샅이 살폈다. 이른바 페트라셰프스키 사건이다. 청년 지식인들이 모여 서구의 급진주의 사상을 공부했다는 이유로 15명이 사형 판결을 받았다. 극적으로 극형을 면한 도스토옙스키는 5년 옥살이와 5년 병역으로 시베리아에서 버틴다. 10년 만에 자유를 찾았으나 말년의 몇 해를 제외하곤 시종 빈궁했다. 낭비벽에 도박 빚 게다가 가족과 연인에 대한 의무감에 기인한 지나친 관대함까지, 늘 쪼들렸다. "돈은 주조된 자유(Coined Liberty)"임을 절감했고, "지옥이란 어떤 공간이 아니라 상태다"라고 외쳤다. 궁핍과 굴욕의 바다에서 도스토옙스키는 아름다움을 찾았다. 어둠 속에서도 빛은 있다. 도스토옙스키는 몇 번의 연애와 결혼 실패 후 만년에 헌신적인 부인 안나를 만나 가정적으로 안정하고 라이프워크를 완성할 수 있었다. 나림은 섭리가 불우한 천재에게 베푼 유일한 은총이라고 말한다.

　나림의 「도스토옙스키론」은 단연 압권이다. 이문열은 "나림의 글 『허망과 진실』을 읽고 도스토옙스키 평전 쓸 생각을 포기했다"라고 썼다. 나림의 박학다식과 어재(語才) 그리고 치밀한 자료 섭렵과 기막힌 문필에 '야코 죽은' 사람이 한둘이 아니다.

이병주의 단 한 권의 책 『악령』
도스토옙스키 2

누구에게나 한 권의 책이 있다. 인생에 결정적인 영향을 끼친 단 한 권의 책이 있다. 나림 이병주에겐 그 한 권의 책이 도스토옙스키의 『악령』이다. "20세 여름에 하숙방의 커튼을 치고 밤을 새워 읽은 이후 평생 그 주박(呪縛)에서 풀려나지 못했다"라고 고백한다. 청년 시절에 희귀한 인물을 만났거나 희귀한 책을 읽은 경험이 있다면 좀처럼 그 영향에서 벗어나지 못하는 것이 인지상정이다.

『악령』은 도스토옙스키가 악이란 수수께끼 앞에서 분통을 터뜨린 격노(激怒)의 서(書)다. 도스토옙스키는 당시 니힐리스틱한 청년 세대의 어쭙잖은 혁명 놀음에 분노를 느꼈다. 여기서 니힐리스틱하다는 것은 무신론적인 사이비 사회주의를 뜻한다. 『악령』은 그들이 주장하는 혁명의 형이상학을 탐구한 책이다.

나림이 읽은 『악령』은 요네가와 마사오가 번역한 이와나미 문고본이었다. 이와나미 문고는 교양과 계몽주의의 첨병이었다. 국내외의 학술서적과 고전문학 작품을 저렴한 가격으로 출판하여 많은 독자가 쉽고 폭넓게 읽을 수 있게 기획한 일본 최초의 문고판이다. 나림은 원서를 읽지 못하는 사람에게 서양의 학문과 예술을 공급했다는 점에서, 그리고 가격이 원서의 10분의 1이면 족하다는 면에서 일본의 지적 에너지 생산에 이와나미 문고가 기여한 공적이 한량없다고 상찬했다. 원서로 읽는 사람은 '이와나미 문화인'이란 멸칭으로 야유하기도 했으나 모든 언어를 골고루 독해하는 사람은 없으니 일본의 문화인 대부분은 '이와나미 문화인'의 범주일 수밖에 없다. 게다가 번역도 명역(名譯)으로 정평이 나 있었다.

1970년대 우리 출판계도 문고본이 크게 유행했다. 60-70대 독서인이라면 서가에 삼중당 문고, 삼성 문고, 박영 문고, 정음 문고 등에서 출판한 아담한 책이 다소 낡고 바랜 채 더러 꽂혀있을 것이다. 서문 문고의 경우 이와나미 문고처럼 별 개수로 가격을 책정하기도 했다. 나의 책꽂이엔 1972년 3월에 출간된 서문 문고 『킬리만자로의 눈』 초판이 있다. 별 하나에 70원이라고 쓰여 있고 별이 4개 그려져 있다.

나림은 책을 클로즈 리딩(Close Reading) 했다. 꼼꼼하게 읽고 나서 독서록을 기록하는 습관이 있었다. "방향도 목적도 없는 청춘이 기껏 자기에게 충실해 보고자 한 유일한 작업이자 유일한 보람이었다"라고 회고했다. 몇 박스 되는 독서록 공책을 6.25 전란 때 잃고 허탈했다고도 했다.

그런데 『악령』을 읽고는 감상을 단 한 줄도 쓸 수 없었다. 짙은 안개 속에 무서운 수렁을 건넜다는 피로감이 있었다. 하지만 강렬한 감동을 문장으로 만들어 보려 애썼으나 단서조차 잡을 수가 없었다. 얕은 견식으로 재단하기엔 인생과 사회는 너무나 엄청난 심연이란 느낌이 든 탓이다. 다만 언행에서 선명한 변화가 생겼다. 누구든 조직을 만들자는 제안을 하면 논리의 정당성이나 정열의 순수성을 따지기에 앞서 일단 사양부터 하고 마는 것이다. 이를테면 당시 연이어 번역서가 나오며 관심을 끌던 게오르그 짐멜을 읽는 모임의 제안을 받았으나 완곡하게 거절했다. 짐멜도 무난한 학자였고, 그 모임을 제안한 인사들도 다 무난한 인사였으나 굳이 참여하지 않았다. 『악령』에서 느낀 리얼리티 때문이다. 나림은 『악령』에서 결사와 집회에 대한 공포를 느꼈다.

도스토옙스키는 네차예프 사건에서 큰 충격을 받았다. 네차에프와 몇 명의 공범자가 이념에 동조하지 않아 결사를 탈퇴하겠다는 동지를 모스크바의 공원에서 살해하고 연못에 유기한 사건은 도스토옙스키를 격발시켰다.

우선, 도스토옙스키는 "모든 일이 허용된다"라는 상황을 혐오한다. 인간 마음속에 선악을 결정하는 최고의 규범이 없다면 즉 양심이 없거나 또는 신을 두려워하지 않는다면 사람은 못 할 일이 없어진다. 목적을 위해선 수단을 불문하는 자들이 생사여탈권을 갖게 되는 상황을 우려한 것이다. 원래 집단이란 안으로는 동질성 밖으로는 배타성을 띈다. 안의 동질성이 강해질수록 밖의 배타성도 강해지기 마련이고, 동질성을 견지하기 위해선 내부의 적에게도 얼마든지 가혹하게 된다. 그런 의미에서 도덕적 악과 정치적 허무주의는 동일선상에 있다.

다음, 도스토옙스키는 무한 자유에서 출발해 무한 전제로 끝날 수밖에 없는 사회주의의 아이러니를 비판한다. 혁명을 주장하는 정신의 허위를 까발려 결국은 비인격화로 간다고 경고한다. "화려한 약속, 우울한 성과"를 예고했고, 천국을 약속했으나 지옥을 보여준 사회주의 혁명의 끝을 내다봤다. 레닌의 혁명 후 『악령』은 금서로 분류되고 가족들은 핍박받았다. 나림은 도스토옙스키를 반동이라고 하는 공산당적 사고에 승복할 수 없었다.

나림은 "베토벤이 그 전의 작품만으로도 충분히 천재였으나 교향곡 9번으로 신이 되었다"라는 필법을 따라 "도스토옙스키는 『죄와 벌』, 『백치』로 충분히 천재였다. 그런데 『악령』에 이르러 신이 되었다."라고 했다. 여기서 신은 전지전능의 뜻이라기보다 신이 아니면 보여줄 수 없는 인간의 심연을 들여다본다는 의미다. 나림이 『악령』을 읽고 감상문을 쓰지 못했던 이유가 바로 그것이다. 산술 지식밖에 없는 사람에게 고등수학의 문제를 안겨 놓은 것이다.

『죄와 벌』이 제시한 문제도 엄중하지만, 라스콜리니코프와 함께 고민할 수도 있고 공범이 될 수도 있으며 아니면 혐오하고 말 수도 있다. 라스콜리니코프는 비범한 사람에겐 법을 넘어설 권리가 있으며, 전당포 노파 같은 장애물을 제거해서 인류를 구원하는 사람이 영웅이라고 자신한다. 하지만 막상 저지르고 나니 자신은 영웅 자질이 없는 평범한 사람임을 자각하고 자책한다. 『죄와 벌』은 일상적인 레벨로 웬만하면 이해가 되는 산술 문제다.

그런데 『악령』의 스타브로긴은 병리의 에너지가 생리를 압도한 이해하기 힘든 유형이다. 문화와 개성이 기괴하게 뒤섞여 암의 형태로 변종 된 모습이다. 스타브로긴은 라스콜리니코프가 묘하게 발전한 단계이나, 분명 리얼리티다. "모든 일이 허용된다"라고 믿고 행동하는데 그 악의 전염성이 강하다. 스타브로긴은 매력적인 용모와 호인다운 사교술 그리고 귀족 출신이란 배경에 경제적 여력까지 두루 갖춘 인물이다. 그런 조건이지만 타고난 음험함과 데모니슈(Demonish, 악령이 든 듯한) 한 인성에다 병든 문명의 독을 마시고 허무에 빠져 선악의 기준도 없어지고 가치 자체를 상실해 버린다. 그런 허무라면 어떤 범죄도 다 가능하다. 그는 지성과 달변으로 주변 사람을 가스라이팅하며, 자기기만이 끝없이 연속되는 삶을 산다. 『악령』의 묘사는 "사람들은 그의 얼굴이 가면을 닮았다고 했다"이다. 도스토옙스키는 그 고등수학의 문제를 일상의 평면으로 끌어내려 산술적 의식으로 견문하게 해주었다.

도스토옙스키의 위대함을 수학에 견준 이유가 있다. 나림은 수학을 좋아했다. 어려서부터 수학에 일가견이 있었다. 『지리산』의 이규는 어려운 수학 문제를 풀어주는 걸 계기로 일본 여학생과 연애하고, 『행복어 사전』의 서재필은 아내 앞에서 처남이 힘들어하는 수학 과제를 해소해 주고 으쓱한다. 중년의 나림은 소설 작업을 하다가 여의치 않을 때는 수학 문제를 푸는 것으로 기분을 전환하곤 했다.

1941년 일토강습회에서 수학 강의를 듣고 있던 시절, 이와나미 신서 『소피아 코바레프스카야의 회상』을 기다렸다가 발행 첫날 샀다. 소피아는 문학적 소양이 풍부한 수학자로 독일에 유학해 최초의 여성 수학박사가 된 인물이다. 다방 한구석에서 단숨에 그 책을 읽은 나림은 소피아의 언니 안나를 찾아온 도스토옙스키가 간질 발작을 일으키는 장면에서 비통한 감정이 일어 눈물을 흘렸다. 수학이 좋아 읽은 수학자의 회상기에서 예기치 않게 만난 도스토옙스키가 망신 당하는 모습은 나림을 슬프게 했다. 도스토옙스키는 안나에게 구애했으나 거절당했다. 다방 '니농'의 마담은 핸섬하고 지적 느낌의 청년이 울고 있는 모습을 위로하다가 그날 밤 술집에서 술을 사주기도 했다. 나림은 차마 그 책을 읽고 울었다고 말할 수는 없었다.

나림에겐 로맨틱한 사건이 참 많다. 사람은 로맨틱해야 로맨스가 생긴다.

걸작의 비결
도스토옙스키 3

　나림 이병주는 메이지대학에서 양사(良師) 고바야시 히데오(小林秀雄)를 만난다. 고바야시 교수는 당대 문예비평의 지존이었다. 선비의 학문에 파격의 예술 감각이 더해진 한량이었다. 모차르트에 정통했으며, 조선 골동품에도 조예가 깊었다. 나림은 그가 진주 한량을 닮았다고 생각했다. 고바야시는 도스토옙스키 전문가다. 첫 장편 평론 『도스토옙스키의 생활』 이후 도스토옙스키를 깊이 연구했다. 나림은 그에게서 난해한 것은 난해한 그대로 육박하는 정신을 배웠다.
　나림의 졸업논문 테마가 『카라마조프가 형제들』이다. 4백 자 원고지 2백 장을 써서 우(優) 평가를 받았다. "무엄한 시도였다"라고 겸손해했지만, 길바닥 유리 조각에 비친 달빛도 달빛의 신비를 나타내고 있다는 다소곳한 신념을 관철해 보고 싶었다.

『카라마조프가 형제들』은 천재의 마지막 작품답게 도스토옙스키 사상의 정점이 표현되어 있다. 그가 평생 탐구해 온 온갖 테마와 모티브가 교향악처럼 조화를 이루고 있다. 특히 「대심문관」 장은 종교와 권력 그리고 자유와 빵의 문제를 다루는 최고의 철학 텍스트다.

나림이 도스토옙스키를 고소(高所)의 천재이며 위대한 작가라고 여기는 이유는 문학의 철학화, 철학의 문학화를 이루었기 때문이다. 나림이 문학자가 철학자보다 우위라고 주장하는 근거다. 철학자는 자신의 이론이나 사상을 논리에 맞게 서술하면 충분하다. 문학자는 거기에 더해 감동적인 설득이 있어야 한다. 창의적인 전달 방법을 모색하는 과정에서 철학자가 미처 생각하지 못했던 진실을 발견하기도 한다. 도스토옙스키가 창조한 캐릭터 이반 카라마조프가 그런 사례이고, 극시(劇詩) 「대심문관」이 바로 대표적인 경우다.

16세기 스페인 세비야에 예수 그리스도가 재림한다. 국왕과 군중이 지켜보는 광장에서 대심문관이 주재한 종교재판과 대규모 화형 집행 다음 날이었다. 기적을 행하는 예수에게 불가사의한 감응을 느낀 군중이 따라다니자, 대심문관은 예수를 체포한다. 감옥을 찾은 대심문관은 왜 다시 왔냐며 예수를 힐난한다. 모든 권한을 교회에 맡겼으면 그만이지 새삼 뭘 더할 권한은 없다고 단언한다.

대심문관이 예수의 재림을 반기지 않는 이유는 두 가지다.

첫째, 그리스도의 용서할 수 없는 오류는 인간을 지나치게 높게 평가했다는 사실이다. 인간은 원래 무기력하고 천한데 자유 의지 즉 선악의 선택권을 부여했으니, 그것은 축복이 아니라 부담이고 저주다. 인간이란 불쌍한 동물에게 자유와 빵은 양립할 수 없다. 저열하고 우매한 인민에게 1500년 전과 똑같이 영혼의 자유를 강조하는 것은 양심의 고통만 더할 뿐이다.

둘째, 교회는 예수가 맡기고 간 과업을 인간애란 명분으로 그럴듯하게 수행하고 있는데 느닷없이 진짜가 나타나면 교회의 권위는 어떻게 하느냐는 것이다. 자유를 포기하고 속박을 택한 대다수 인간에게 질서와 안정을 제공할 방법은 기적과 신비와 권위인데 교회는 기적을 행할 힘이 없으니 절대적 권위라는 신비를 기적 대신 활용하여 체면을 걸어왔다. 돌을 빵으로 만들 능력이 없는 교회는 그저 빵을 적절히 분배하는 방식으로 기적인 척 꾸며왔다. 그런데 재림 예수가 다시 기적을 행하고 다닌다면 교회로선 만사휴의(萬事休矣)다.

비난과 협박을 마친 대심문관은 그리스도의 대답을 기다렸다. 한마디 없던 예수는 이윽고 핏기없이 파리한 대심문관에게 입 맞추었다. 대심문관은 소스라치며 놀라 감옥 문을 열고 "다시는 오지 말라! 무슨 일이 있어도 두 번 다시 오지 말라!"며 소리친다. 그리스도는 밖으로 걸어 나갔다. 그리고 어두운 큰길로 자취를 감추었다.

이반 카라마조프는 "가톨릭은 명분은 예수를 내걸었지만 실상은 예수를 유혹하다 실패한 악마의 유혹을 따르고 있다"라고 말한다. 프로이트는 이 대목을 "세계 문학사의 백미"라고 극찬했고, 니체는 "내가 뭔가를 배울 수 있었던 단 한 사람의 심리학자"라고 했다. 나림은 "교회 권력을 비롯한 권력의 비밀을 이처럼 적나라하게 폭로한 문서는 없다"라고 했다. 어떤 교리도 조직의 생존 논리가 되면 추해진다.

나림의 「도스토옙스키론」 대미(大尾)는 연애 편력이다. 사람은 함께 도박을 해보면 성격을 알 수 있다. 하지만 모두가 도박을 즐기지는 않는다. 연애는 누구나 한다. 많은 경우 그것도 여러 번 한다. 사람은 연애할 때 개성이 가장 잘 드러난다. 연애는 몰두할수록 그 사람의 최선과 최악이 다 표출된다.

도스토옙스키는 도박에 빠져 갖은 궁상을 다 떨고 바닥에서 허우적대기도 했다. 그리고 연애도 여러 차례 치열하게 경험했다. 애정 생활에서 그의 어떤 작품보다 더 도스토옙스키적이었다. 성(聖)과 속(俗)이 극단적으로 공존해 있는 인물. 현명하면서도 어리석은 짓을 예사로 하는 인물. 철저한 현실주의자이면서도 그 이상의 공상가이기도 한 인물. 고상함과 허접함이 수시로 뒤바뀌는 모순의 인물. 크누트 함순은 "도스토옙스키 이상으로 인간의 조잡성을 분석한 사람은 없다. 그의 동시대인들은 그를 측량하려 애썼지만 실패로 끝났다."고 했다. 과연 도스토옙스키는 소설 속 인물들과 마찬가지로 분열하고 일탈했다. 나림은 도스토옙스키의 연애에서 도스토옙스키의 본색을 읽는다.

나림은 "도스토옙스키의 연애는 한마디로 슬펐다"라고 말한다. 첫 연애가 연옥이었다면 두 번째 연애는 초열지옥, 바로 인페르노였다. 나림은 도스토옙스키의 연애 편력을 통해 비로소 그의 문학과 인간에 근접한 듯한 실감을 얻었다. 연옥과 초열지옥의 시간을 겪으며 한 방황과 고민은 도스토옙스키란 인간을 적나라하게 보여준다. 고귀한 성품과 '모지리' 짓이 숨김없이 다 드러난다. 도스토옙스키 걸작의 탄생엔 악녀들과의 연애가 단단히 한몫하고 있다. 나림은 "이 대목이 남의 일 같지 않다"라고 했다.

나림은 도스토옙스키의 연애 편력을 3대 연애 사건으로 정리했다.

첫째 부인 마리아 이사예바는 도스토옙스키가 시베리아 유형 생활을 끝내고 군 의무 복무를 하던 시절에 만났다. 도스토옙스키 눈에는 "아름답고 교양 있으며 불평 없이 운명을 견디며 사는 고귀한 여성"으로 보였지만 알코올 중독자였고, 폐결핵을 앓고 있던 유부녀였다. 남편과 사별하고는 연하의 남성과 교제하느라 도스토옙스키의 사랑을 외면했다. 도스토옙스키는 유력자 친구에게 부탁하여 그 젊은 연적(戀敵)을 승진시키기도 하고 이사예바의 아들 교육을 책임지는 등 곡절 끝에 결혼한다. 도스토옙스키의 희생적인 애집(愛

執)과 달리 이사예바는 자신의 부정을 스스로 폭로하고 남편을 모욕하는 등 잔인함을 보인다. 이사예바는 고집 센 사디스트였다.

두 번째 연애는 도스토옙스키가 42세에 만난 21세의 아폴리나리아 스슬로바였다. 채권자들의 독촉 등 생활에 지쳐 절망에 빠져 있던 도스토옙스키에게는 뜻하지 않은 행복이었고, 순교자 같은 고귀한 인간상을 추구하던 스슬로바에겐 첫사랑이었다. 하지만 도스토옙스키의 기묘한 애집은 스슬로바의 계획적이고 세련된 포학(暴虐)으로 파탄 난다. 스슬로바는 팜므 파탈이었다. 번번했고 당당했다. 도스토옙스키는 못되게 구는 스슬로바에게 애착했으나, 결국 상처만 남았다.

악녀도 있지만 뮤즈도 있다. 물론 뮤즈가 때로 악녀가 되기도 하지만 뮤즈는 뮤즈다. 뮤즈는 남성에게 영감을 불러일으키는 여성이다. 이를테면 루 살로메는 니체와 릴케 그리고 프로이트에게 섬광처럼 자극을 주었다. 오노 요코는 비틀스가 해체되는 한 요인으로 작용하긴 했으나 존 레넌에게는 뮤즈였다. 존 레넌이 오노 요코 앞에서 애교 부리는 뮤직비디오는 귀엽다. 『소설 남로당』 김옥숙의 모델 전옥숙도 당대의 뮤즈였다. 나림을 비롯해 남재희, 김지하, 리영희 등 숱한 문화계 인사들에게 번쩍이는 영감을 주었다.

도스토옙스키의 마지막 여인 안나는 뮤즈였다. 원고 마감에 시달리는 도스토옙스키의 속기사로 시작한 안나 그리고리에브나는 『도박꾼』을 완성하게 돕는다. 비참한 인상의 고립무원 작가는 새 소설 구상을 이야기하며 구혼한다. 이 붕괴 직전의 작가를 구해야겠다는 일념에 24년의 나이 차이를 넘어 청혼을 받아들인다. 안나는 14년의 결혼생활 동안 도박벽을 비롯한 숱한 결점에도 남편을 "한없이 호감 가는 분"이라고 표현하며 거의 신처럼 존경했다. 안나는 『남편 도스토옙스키의 회상』을 썼고, 그 책은 나림의 보물이었다.

천재가 대재가 되는 길은 험난하다. 나림은 섭리의 은총이라고 했다. 도스토옙스키란 천재는 일생 선과 악의 모순과 투쟁을 투시 탐구했고, 끝내 예술적인 묵시록을 완성했다.

26

이병주의 행복론
『행복어 사전』 1

　사막에 불시착한 나폴레옹 같은 인물이 1970년대의 서울에서 행복을 찾아 헤맨다. 고상한 품성에 따듯한 인물이다. 서울대학교 문리대를 수석 졸업하고, 500대 1 경쟁의 신문사 교열기자 시험에 수석으로 합격한 수재다. 귀티 나는 얼굴에 키도 헌칠하고, 로맨틱하다. 여성에게 인기가 많아 여난(女難)이 그치질 않는다. 서재필은 행복을 찾아 동서고금의 명저를 독해하고, 개성 강한 동료들과 어울리며, 현장 이곳저곳에서 몸소 부딪혀 본다.
　서재필은 무용인(無用人)으로서 삶을 위해 신문사를 사직한다. 시대에 대한 반감인지, 세상에 대한 저항인지, 뒤늦은 자기 정체성 찾기인지, 그도 저도 아니면 그저 센티멘털리즘인지, 굳이 사서 고생하는 길로 간다. 안으로는 작가 지망생 겉으로는 백수를 자처한다.

원래 백수가 과로사하는 법. 백수 서재필은 안팎으로 좌충우돌이다. 과연 행복 찾기는 난제다.『행복어 사전』은 나림 이병주의 행복론이며, 서울 풍물지다. 나림은 한국 사회의 만화경(萬華鏡)을 시종 농담처럼 그리고 있다.

『행복어 사전』은 나림 인문학의 보고(寶庫)다. 괴테, 쇼펜하우어, 니체, 루드비히 마르쿠제부터 체호프, 카프카, 스트린드베리, 사빈코프, 사로얀, 헨리 밀러를 거쳐 미셸 푸코와 알랭 투렌 그리고 공자의 "기서호(其恕乎)"부터 장호(張祜)의 '종유회남(縱遊淮南)'까지 동서고금을 종횡무진한다. 뷔페처럼 풍성하고 단정하게 차려져 있는 클래식 식탁이 그저 황홀할 따름이다. 고전 읽기의 의미는 책 한 권을 통해 시대와 공간을 뛰어넘어 수발(秀拔)한 두뇌와 깊은 인정을 만나 대화할 수 있다는 점인데,『행복어 사전』은 고전 더미에 풍덩 빠지는 즐거움 한마당이다.

다만 나림 행복론의 출발은 그다지 낙관적이지 않다. 나림은 먼저 프로이트의 말을 인용한다. "인간을 행복하게 하려는 의도는 애초에 신의 창조 계획에 포함되어 있지 않다." 거기서 한 걸음 더 나간 헨리 밀러의 말도 있다. "하느님은 불과 엿새 동안에 이 세계를 만들었다고 하니 살기에 불편한 건 당연한 일이다. 그런데 엉뚱한 데가 있고 신경질조차 있는 하느님이라 칠 일째는 아예 손을 놓아버린 까닭으로 대신 우리들이 땀 흘려 일해야만 하는 것이다." 산다는 건 괴로운 일이란 전제가 분명하다. 행복은 그런 고통 속에서도 잘 살아가려는 지혜를 모색하는 것이다. 행복론은 지혜가 필요하지, 지식이 필요한 것이 아니며, 총론으로서의 행복론은 존재할 수 없고 그저 각론이 있을 뿐이라는 게 나림 행복론의 시작이다.

행복어 사전은 3장이다. 남녀가 번갈아 작성해야 하는데 2장은 공저를 제안했던 여성 측이 참여하지 않아 빈칸으로 남았고, 그나마 3장에서 미완성으로 그쳤다. 함께 사전을 만들어가기로 약속했던 서재필과 차성희는 서로 알아갈수록 차이가 드러나 결국 연인도 못 되고 부부도 되지 못한다. 행복어 사전 제1장은 "행복을 위한 모든 조건을 단연 거부해야 한다"이다.

서재필은 좋은 머리에 성적으로는 늘 1등이지만 출세의 한 지표인 판검사가 되려 하지 않는다. 이유는 남의 일을 따져 듣고 판단하는 일에 생리적인 외포(畏怖)를 가졌기 때문이다. 남의 사정을 꼬치꼬치 캐묻는 게 아니라는 마음가짐이 진하다. 사실 시험에 합격하는 것은 두뇌가 아니고 요령이다. 요령 있게 다듬어진 지식을 교양이나 지혜라고 하진 않는다. 그러니 대재(大才)는 시험에 곧잘 낙제한다.

서재필은 남에게 보여주려고 인생을 낭비하지 말자는 신조가 뚜렷하다. 페더고그(pedagogue)가 즐비한 학계도 적성에 맞지 않고, 대기업에 취업하는 것도 취향이 아니다. 출세, 부, 명예를 좇는 것보다는 자기 성찰에 힘쓰고 자기 통찰하려 애쓰는 게 진짜 행복에 훨씬 가깝다는 생각이다. "가난하지만 빈궁하지 않게"와 "비굴하지 않고 기죽지 않는 당당함"인데, 소시민을 지향하는 자유인이다. 대시민도 프롤레타리아도 싫다. 소시민 만세! 말하자면 은근한 자신감을 지닌 외류(外流)다.

사실 사람의 내면에는 여러 자아가 있다. 있는 그대로 현실 자아, 사회 규율에 영향을 받는 당위 자아, 그리고 본인이 되고 싶어 하는 이상 자아 등이다. 성공한 사람 또는 행복한 사람은 대체로 현실 자아와 이상 자아를 중시하고 당위 자아는 다소 소홀하다.

행복은 경쟁에서 선두에 서려 애쓰는 것보다 자신의 취향에 충실한 데 있다. 서재필이 살려는 인생이 바로 그것이다. 준수한 자질과 조건을 갖추고도 사회의 수요에 무심하고, 혼자의 시간과 공간을 즐긴다. 다른 사람과 어울리고 싶어 하는 사교의 욕망은 자신이 불행하다는 방증이며, 우리의 모든 불행은 혼자 있을 수 없는 데서 생긴다는 의식이 확고하다. 정중하고 예의 반듯하나 사회의 규율엔 아랑곳하지 않는다. 눈치 안 보고 태연하게 일탈한다. 양심의 가책 없이 자기모순을 범할 수 있을 정도로 자유로운 영혼이다. 다소 지나친 동정심과 의협심에 우연이 연속되고 우연으로 인한 인연도 연속되지만 원래 로맨틱한 사건은 로맨틱한 사람에게만 발생하는 것이다. 조봉권 서평가의 표현대로 "세상에 따뜻하게 개입하는 오지랖과 풍류에서 모든 일은 시작된 것이다."

세상에 원칙이 없어도 안 되지만, 원칙에 사로잡혀서도 안 된다. 서재필은 일반론을 거부한다. 니체의 용어로 하자면, "예외자의 정신"이 충만한 것이다. 예외자란 그 시대의 지배적인 의견과는 입장을 달리하는 사람이다. 인습에 복종하고 그 근거를 불문에 부치는 보통 사람과 달리 묻거나 따지고 혼자 일어나 아니라고 말하려니 버겁다. 그러나 자유롭다. 절충적으로 타협하지 않는 기백이 멋스럽다. 하지만 대가는 가혹하다. "나는 나에게 부적합한 시대에 태어났다"라는 말이 있다. "그곳에서 나의 부재를 느끼는 사람"은 외롭다. 서재필도 사막에 불시착한 나폴레옹류의 인물이다. 광화문 네거리에 겨울 파리처럼 엉거주춤 서서 러시아워의 풍경을 바라보며 '어디로 향하는 러시란 말인가' 하고 묻는다. 사막을 내부에 지니고 있는 사람 사한(砂漢)은 슬프다. 성향상 행복해지기 어렵다.

사람은 나름대로 살 수밖에 없지만 모처럼 좋은 재료를 갖고 형편없는 인생을 만들어선 안 된다. 기본은 해야 한다는 다짐으로 다양한 연애를 거쳐 "이 세상에서 한 여성의 불행을 건지는 것도 장한 일 아닌가" 하며 결혼한다. "인간의 지고 지대한 행복이란 어머니를 즐겁게 해드릴 수 있는 심성에 있고 노력에 있다"라는 철든 마음가짐도 한다. "어머니를 소중히 하는 사람은 마누라도 소중히 한다"라며 부인에게 충실하려 애쓴다.

서재필은 루드비히 마르쿠제의 『행복의 철학』을 번역하기도 하고, 약한 자에겐 호랑이처럼 덤비고 강한 자에겐 고양이처럼 아첨하는 소인들과 맞서기도 하며, 나름의 방법으로 나폴레옹이 되려고 한다. 하지만 "하룻밤 오십 킬로그램의 몸뚱어리를 팔아서 육백 그램의 쇠고기를 사 먹는 창부"에게 연민을 느껴 간첩 신고 사건에 휘말리고, 결국 서울역 구두닦이 소년을 일없이 동정하다 간첩으로 오인 구속된다. 혹독한 취조 중에 카프카의 『변신』을 떠올리며, 하룻밤 사이에 곤충이 되어버린 그레고리 잠자에 공감한다.

나림은 평소 "페사디나의 청년들은 달나라에 로켓 쏘아 올릴 궁리로 바쁜데, 한국의 청년들은 거리에서 최루탄과 싸운다."라며 안타까워했다. 나림은 무혐의로 풀려난 후 우울증에 시달리는 서재필을 북유럽으로 보낸다. "무용인의 각오로 게으르지만 않는다면 기막힌 진실을 발견할 수도 있다"라는 맑은 영혼의 과학자 박문혜의 초청으로 '웁살라 엘리트'의 산실로 간다. 서재필이 웁살라대학 출신의 작가 스트린드베리처럼 기막힌 성취를 이룰지, 따뜻한 오지랖으로 새로운 로맨스 만들기에 몰두할지, 나림은 열린 결말로 마무리한다.

나림의 행복론은 진행형이며 미완성이다.

소설로 풀어준 니체 해설서
『행복어 사전』 2

나림 이병주의 1970년대 한국 만화경 『행복어 사전』은 재미있다. 때로 묵직하다. 그리고 산만하다. 농담하듯 뭔가를 이야기하는데, 재미 말고 뭔가 속 깊은 이야기가 있는 듯한데, 한눈에 잡히질 않는다. "강렬한 드라마가 광화문 근처에 소용돌이치고 있는데 그것을 외면하고 멜로 드라마로 꾸밀 수밖에 없는 것이 소설가"라는 나림의 변명이 있었지만 그래도 석연치는 않다.

20대 초반 나는 경직되어 있었다. 서재필의 대책 없는 센티멘털리즘과 거듭되는 일탈이 마음에 들지 않았다. 이성적이고 합리적이면서도 도덕률을 아주 쉽게 어기는 행동이나 때론 광기 같은 집착을 이해할 수 없었다. 처음엔 차성희-김소영-안민숙-정명욱-김소향-박문혜-임선희로 끊임없이 이어지는 로맨스가 부러워 시기 질투 때문에 집중하지 못했다. 거기에 더해 다들 먹고 사느라 아등바등하고, 기자 동료들은 살기(殺氣) 가득한 세상에서 직필(直筆) 고수하려 목숨을 거는데, 우리의 서재필은 허구한 날 연애질에 탱자탱자 놀고만 있는 것 같아 공감하기가 어려웠다. 나림이 툭툭 농담을 던지듯 뭔가 이야기하는데 그 농담이 지나치다고 여겼다.

나는 니체를 읽고 나서 『행복어 사전』을 다시 봤다. "아! 이 소설은 나림의 니체 해설서구나."하는 감상이 생겼다. 니체를 읽고서야 나림의 의도된 진행을 비로소 다소나마 이해하게 되었다. 서재필의 명정(酩酊)과 정사(情事) 그리고 휴머니즘과 센티멘털리즘 사이 곡예 같은 행각의 의미를 파악하게 되었다. 그의 오지랖과 로맨스와 스캔들을 슬슬 술술 읽으며 아폴론적 혜지와 디오니소스적 도취의 갈등과 상호작용 그리고 결합을 읽게 된 것이다. 서재필의 따뜻한 마음의 오지랖은 바로 운명애(Amor Fati)이며, 『행복어 사전』은 나림이 소설로 푼 니체 해설서라는 생각이 진해졌다. 나림은 천재의 광기를 나와 같은 평범한 독자가 이해하게끔 풀어준 것이다.

아포리즘은 니체라는 천재의 광휘를 표현하는 가장 효율적인 방식이지만, 난해하다. 니체의 『차라투스트라』는 소설과도 다르고 시와도 다르며 철학책과도 다르다. 니체를 읽으면 뭔지 모르는 일종의 흥분 상태를 느끼며 사상의 고양을 경험하게 된다. 다만 아포리즘을 예술품으로 승화시킨 매력에다 다채로운 함축까지 더해져 오해의 여지가 많다. 니체는 "자기를 숨기는 모든 자 중 나는 가장 깊이 나 자신을 숨기는 자"답게 본질을 가면으로 잘 덮고 있다. 난삽(難澁)한 레토릭은 통속화할 위험은 적지만 단장취의의 우려는 크다. 흥분만 하다가는 니체 산맥을 넘지 못한다.

  책은 누구나 나름대로 읽는 것이지만, 니체 읽기는 훌륭한 향도가 절실한 대목이다. 도스토옙스키가 『악령』과 『카라마조프가 형제들』을 통해 인간 심연의 고등수학적 문제를 산술적 시선으로 읽을 수 있도록 풀어주었듯, 나림은 니체의 난해함을 『행복어 사전』으로 해설해 준 것이다.

  나림은 니체 전문가다. 우선 가볍게 비틀며 시작한다. "나는 버거운 일을 하다가 좌절한 자를 좋아한다"라는 대목은 나림이 가장 많이 인용하는 니체의 아포리즘이다. 나림이 『허균』과 『정몽주』를 쓰고, 『천명』을 통해 삽상한 청년 장수 홍계남을 기리며, 『바람과 구름과 비』에서 최천중의 황당하고 다소 잡스럽지만 치열하고 진지한 나라 세우기 작업을 그린 것 모두 불가능한 일을 하다 실패한 인물들을 아끼고 애틋하게 여긴 때문이다. 그럼에도 『행복어 사전』에선 "니체는 버거운 일을 시도하다가 좌절한 자를 좋아한다는 엉뚱한 말로 청년들에게 해독을 끼쳤다"라고 농담하듯 한다. 사실 사람은 무리를 해선 안 된다. 휴머니스트를 자처하며 벅찬 일, 힘에 겨운 일을 하면 실수하고 후회하게 된다. 불행은 제각기 감당해야 할 운명이지 동정할 성질의 문제는 아니다. 하지만 서재필은 따듯한 오지랖으로 무리한 선택을 거듭한다. 실수의 서사가 현란하다.

나림이 즐겨 인용하는 니체의 또 다른 아포리즘은 "사람은 혼탁한 강물이다. 이 탁한 강물을 스스로 더럽히지 않고 받아들이려면 모름지기 바다가 되어야 한다."이다. 나림이 생각하는 초인(超人)은 바로 대해(大海)가 된 사람이다. 대해가 된 사람은 고소(高所)의 사상을 지녔다. 고소의 사상은 두 가지 특징이 있다. 높이의 경쟁이 무의미하다는 것과 허망을 가르친다는 것이다. 차라투스트라는 외부와 떨어져 독수리, 뱀과 함께 고독이란 심연에서 지낸다. 높은 산 동굴에서 수행 끝에 독수리의 자유와 용기 그리고 뱀의 지혜를 얻어 하산한다. 솔개의 날개와 독수리의 눈이면 충분할 줄 알았으나 역부족을 느끼고 다시 산으로 오른다. 영겁회귀를 깨닫고 다시 인간세계로 내려온다.

신은 죽은 지 오래고, 기댈 종교는 없다. 스스로 주인이 되는 수밖에 없다. 영원의 모래시계는 되풀이되어 감긴다. 순환의 논리에 따라 동일한 것이 끝없이 반복되니 생을 긍정하는 운명애 사상으로 원숙화하는 것이 최선이다. 생의 매 순간순간이 그대로 절대 목적이다. 가수 김연자는 "인생은 지금이야. 나이는 숫자, 마음은 진짜, 가슴이 뛰는 대로 가면 돼"라고 불렀다. 음악을 사랑했던 니체와 나림 모두 이 경쾌한 노래 〈아모르 파티〉를 좋아했을 것이다.

"미(微)에 신(神)이 있다". 사소한 것에 즐거움이 있다는 뜻이고, 악마는 디테일에 있다는 뜻이기도 하다. 고소의 사상을 추구하는 서재필이 자하문 터널 위 서민 아파트에서 다운타운으로 내려오며 늘 외는 대목이다. 행복은 일종의 분위기인데 그걸 만드는 가장 중요한 요소가 디테일이다. 이를테면, 음악을 좋아하는 나림은 셰익스피어가 즐겨 했던 말 "마음속에 음악을 가지지 않은 자는 바보 아니면 악인이다"를 실천하며 살았다. 오스카 와일드의 "넥타이를 멋지게 맬 수 있다는 것, 그것이 인생의 멋진 제일보가 된다."라는 말도 늘 염두에 두었다. 나림이 가장 인상 깊게 읽었던 소설이 오스카 와일드의 『도리안 그레이의 초상』이다. 나림의 일상은 "미에 신이 있다"라는 신조를 철저히 따랐다. 니체는 "구하는 데 지쳐서 나는 발견하는 버릇을 익혔다"라고 했다. 사소한 것이라도 자신 취향에 맞는 무엇을 찾는다면 그건 행복이다. 서재필은 생활의 지혜 중 하나는 단골집을 두는 것이라고 했다. 하다못해 단골집을 발견하는 것, 그 미에도 신은 있는 것이다.

니체는 속물 문화에 대해 강렬한 혐오를 표현했다. 니체가 말하는 속물이란 시류를 좇고 권력에 따르며 자기합리화에 익숙한 무리다. 속물은 세론(世論) 이상의 고상한 의견이 있다는 사실을 무시한다. 스스로 문화인이라 망상하면서 예술의 본령을 이해 못 하고 생의 근원도 파악 못 한 채 시류와 권세를 좇는다. 경박하고 보여주기에 능숙하다. 니체는 그런 천박한 박식을 거부하고 문학, 철학, 음악, 종교, 고전, 하나하나를 깊게 연구했다. 서재필은 P라는 페데고 그 은사와 권력에 아부하는 당대 지성이란 인물을 비판하며 속물 풍조에 대한 혐오를 드러낸다.

니체는 인간이란 존재를 하나의 미궁(迷宮)으로 봤다. 니체 자신이야말로 탁발한 미궁적 인간의 전형이다. 모든 영웅은 그 미궁 속에서 몰락한다. 그리고 우리 모두 그 미궁 속에서 전전긍긍하며 살아간다. 서재필의 좌충우돌은 고독한 사한(砂漢)이 미궁 속에서 허우적대며 몸부림치는 모습일 따름이다.

니체는 인생, 사상, 역사에서 모순의 오묘함을 체현한 사람이다. 천재가 광기에 휘말리는 광경은 그 자체로 모순의 박진성을 보여준다. 모순, 인간의 딜레마다. 성과 속의 모순, 디오니소스적 태도와 아폴론적 태도 사이의 모순, 고매한 지성과 추잡한 욕정 사이의 모순, 사람은 누구나 모순덩어리다. 술이 있을 때 잔이 없고 잔이 있을 땐 술이 없는 것도 인생의 한 모순이다. 삶은 시원한 계곡물에서 느끼는 청량함과 비눗물 땟자국이 섞여 있는 미지근한 목욕탕에 들어앉아 있는 듯한 요령부득 사이를 오가는 그 무엇이다. 깔끔함과 구질구질함을 끝없이 오간다. 정신이 맑을 때는 물질이 결핍하고 물질이 풍부할 때는 정신이 피폐한 것이 삶의 아이러니다.

나림은 그런 모순과 섭리와 인연을 『행복어 사전』에서 화려하고 절묘하게 묘사하고 있다. 명장의 솜씨로 만들어 낸 한 편의 기막힌 가면극이다.

28

문학과 종교로 나폴레옹 꿈꾸기
『행복어 사전』 3

　사막에 불시착한 나폴레옹은 어느 시대 어느 공간이든 있다. 세상은 골목마다 와호장룡이다. "나는 나와 어울리지 않는 세상에 태어났다"라며 좌충우돌하는 '예외자'는 의외로 많기도 하고 실상 아주 귀하기도 하다. '예외자'의 삶은 참 버겁다.

　나림 이병주의 『행복어 사전』에는 사막을 내부에 품고 있는 사한(砂漢) 둘이 등장한다. 두 사람은 얼핏 비슷한 느낌이 있지만, 많이 다르다. 서재필이 아이디얼리스트라면 윤두명은 리얼리스트다. 서재필이 로맨스 형으로 로맨틱 드라마라면. 윤두명은 스릴러 형으로 다큐멘터리다. 다만 윤두명은 서재필보다 가슴에 더 큰 모래사막이 있는 사람이다. 통분과 원한이 깊기 때문이다.

　사실 비범하고 신통력이 있는 사람은 어떤 뜻으로든 정상을 노린다. 정상을 노리지만 현실적으로 힘이 없다. 기존체제에선 길이 잘 보이지 않지만 그렇다고 혁명을 시도할 만큼 무모하지는 않다. 결국 제3의 길을 모색하여 나름의 방법으로 나폴레옹이 되려 한다. 그 길이 서재필은 문학이고, 윤두명은 종교다.

나림은 섭리를 중시했다. 『노자』의 문구 "천망회회 소이불실(天網恢恢 疎而不失)."과 『성경』호세아의 "바람을 심어 폭풍을 거둔다"라는 구절을 자주 인용한다. 섭리의 맷돌은 서서히 갈지만 오지게 간다. 성긴 듯, 있는 듯 없는 듯하지만 끝내 놓치지 않는다. 명운의 인과는 허술함이 없다. 갑의 이유로 죄를 지었지만 벌은 을 탓으로 받기도 한다. 선인선과(善因善果)고, 악인악과(惡因惡果)다. 섭리는 인과관계다. 나림의 초기 3부작 중 두 번째 작품이 『매화나무의 인과』, 일명 『천망』이다.

나림은 섭리를 인연이라고도 했다. 세상은 강호다. 강호는 사람 사이의 은원(恩怨)으로 굴러간다. 은혜는 보답해야 하고 원수는 갚아야 한다. 갚음을 모르면 사람이 아니다. 세상사 사람 놀음이다. 누구를 만나느냐로 운명도 바뀐다. 인간(人間)이란 슬픔과 기쁨 사이를 동요하며 사는 존재라는 뜻도 되지만, 기본적으로 '사이를 가진 사람'이란 뜻이다. 사람 사이가 바로 관계다. 그 관계의 무게를 인식하고 그 관계를 소중히 여기는 사람만이 인간이다. 그렇지 못하면 인간 실격이다. 인간관계를 규정하는 규범은 합법(合法), 합리

(合理), 합정(合情) 세 가지다. 나림은 도덕, 무도덕, 비도덕, 부도덕을 넘어 모든 차원을 망라한 만물상 같은 생을 살았다. 유정(有情)한 나림에겐 역시 합정이 최고였다.

『행복어 사전』의 또 다른 주인공 윤두명은 섭리를 굳게 믿는 도사다. 상제교(上帝敎)를 세워 섭리를 대행하려는 윤두명은 원념이 깊은 사람이다. 사람은 원한을 풀지 않곤 살 수 없다. 원은 원수 갚음으로 풀 수 있지만, 한은 그렇게 안 풀린다. 섭리라도 믿어야 하는 이유다. 인식과 믿음의 차이를 언급하며 상제 신앙을 묻는 서재필에게 윤두명은 "섭리가 행해지려면 섭리를 행하게 하는 무슨 본체가 있지 않겠는가"라며, 그 본체는 천주일 수도 여호와일 수도 알라일 수도 있으며 자신에겐 상제라고 답한다. 사람에겐 단 하나라도 믿는 게 있어야 한다.

윤 교주는 비범함과 신비함으로 상처와 원한이 깊은 인재들을 위무하고 품는다. 교세는 확장되어 전국 규모의 협동조합이 만들어지고 고아들을 귀족 자제처럼 교육하는 복지 시스템도 갖춰진다. 다만 분함의 에너지는 폭발력은 좋으나 유해가스가 나온다. 교주의 카리스마만으로는 해소되지 않는 내부의 마찰도 있고, 공권력의 일없는 간섭 통제로 다소 불편을 겪기도 한다. 하지만 섭리의 신을 믿는 윤두명은 씩씩하다.

한편 서재필은 역사가 생명을 얻자면 섭리의 힘을 빌릴 게 아니라 문학의 힘을 빌려야 한다고 여겨 소설을 쓰기로 한다. 소설 찾기에는 두 가지 길이 있다. 하나는 바깥에서 찾는 것으로 그 방향엔 서울역, 절두산, 흑산도, 지리산이 있다. 다른 하나는 내 마음의 미로를 찾아가는 안으로의 방향으로 거기엔 마르셀 프루스트, 제임스 조이스, 카프카 같은 네온사인이 있다.

서재필이 소설로 승부를 보려고 한 이유는 남의 인생까지도 살아보고 싶어 하는 불령한 욕망, 불가능한 욕망을 대행하는 건 소설 이외에 없기 때문이다. 하지만 소설 쓰기란 "욕조를 타고 대서양을 건너는 일"만큼 막막하고 외로운 작업이다. 그저 가설항담(街說巷談)이 아닌 개연성과 설득력을 갖춘 이야기를 꾸미려니 허구한 날 서울역만 서성일 뿐, 카뮈가 되기도 전에 교통사고로 죽을 지경이다. 문인의 자질은 불운과 퇴폐에 있다며 갈팡질팡해 보지만 결정적으로 속악성이 받쳐주지 않는다. 소설은 이야기이니 무거운 사건을 가벼운 어조로 풀어야 한다는 이론은 알지만, 그 무거움이 도저히 내려가지 않는다. 인류가 혼자 하는 수공업 중 마지막 남은 한 가지가 문학으로 펜 한 자루와 상상력만 있으면 된다는 생각에, 서재필은 소설을 적성에 꼭 맞는 필생의 업으로 삼았으나 여의치 않다.

소설론과 소설은 다르다. 역사는 결과와 치적에 중점을 두고, 문학은 동기와 과정에 중점을 두며, 역사는 승리자에게 중점을, 문학은 좌절한 패자에 중점을 둔다는 사실을 이론으로는 안다. 그래서 역사가는 나폴레옹을 기록하지만, 문학가는 장발장을 등장시킨다는 것을 익히 알면서도 서재필의 원고지는 메워지지 않는다. 소설가로서 호기심과 비장함만 충전할 뿐 도스토옙스키의 체험과 천재는 없는 것이다. 전전긍긍 서재필은 번역으로 위밍업을 한다.

나림은 루드비히 마르쿠제의 『행복의 철학』을 소개한다. 당시엔 마르쿠제 하면 『일차원적 인간』을 쓴 허버트 마르쿠제만 알던 시절이다. 루드비히 마르쿠제는 경쾌한 필치로 욥과 솔로몬부터 에피쿠로스와 톨스토이에 이르기까지 다채롭게 행복 담론을 풀어간다. 마르쿠제는 어느 당파에도 속한 적 없는 전투적인 자유사상가로, 독립독행의 니체 전문가였다.

나림은 마르쿠제의 또 다른 명저 『나의 20세기』를 상찬한다. 『나의 20세기』는 "위대한 인간은 자전을 쓰지 않고, 세계사와 일체가 되는 세계사를 쓴다."라고 한 나림의 신념을 충족시키는 자서전의 한 전범(典範)이다. 인간이란 자신에 관해선 반드시 거짓말을 하게 마련이므로 정말 솔직한 자서전은 없다. 다소의 허세와 자기연민에 지식의 꾸밈도 있고 기억의 덧칠도 있어 모든 자서전은 면피성 고백일 따름이다. 그나마 개인사와 시대사를 결합하여 시대의 이야기를 담으려 애쓴 자서전 정도가 의미가 있는 것이다. 이를테면 처칠이 쓴 『제2차 세계대전사』 같은 작품이다. 이 회고록으로 처칠은 1953년 노벨 문학상을 받았다. 그해 『노인과 바다』로 퓰리처상을 받으며 노벨 문학상을 예약해 두었던 헤밍웨이는 그다음 해에 수상했다.

서재필은 우선 생계를 위해 그리고 행복을 추구하려는 노력의 허망함을 증명하려『행복의 철학』을 매일 정한 분량대로 번역한다. 예정한 기간보다 일찍 작업을 마치고 1년 치 생활비에 해당하는 넉넉한 번역료를 받는다. 다만 출판사가 파산하는 바람에 출간은 물 건너간다.『행복의 철학』은『행복어 사전』을 통해 아주 일부만 소개되었고, 한참 후에야 번역서가 나왔다.

나림의 작가와 책을 알아보는 탁월한 능력은 문사 남재희의『문주(文酒) 40년』에 선명하다. 남재희가 하버드대학에서 1년 연수를 마치고 200권의 책을 들고 귀국했다. 나림에게 보이며 1권을 선물하겠다고 했더니, 가장 얇고 값싼 책을 골랐다. 사무엘 베케트의『고도를 기다리며』였고, 반년 뒤 노벨 문학상을 받는 것을 보고 역시 대단하다고 느꼈다. 일본 출장 때의 일이다. 나림이 서점에서 자신은 들어보지도 못한 미셸 푸코의 책을 여러 권 사서 누군가 했더니 10년 지나 다들 그 작가 이야기를 하더라는 것이다. 나는 미셸 푸코의『성의 역사』를 1990년에야 읽었다.

지식이란 도서관에 소장된 수천만 권의 책과 문자가 아니다. 사람의 뇌에 저장되어 생체 에너지를 통해 처리할 수 있는 만큼의 정보다. 그 제한된 정보를 적재적소에 멋지게 활용할 수 있다면 그 사람이 바로 천재다.『행복어 사전』에서 나림의 천재성을 다시 한번 확인하게 된다.

29

맹렬 여성과 정열 여성
『청사(靑史)에 얽힌 홍사(紅絲)』

나림 이병주는 여성을 존경했다. 그리고 사랑했다. 나림의 작품엔 지적이고 아름다운 여성들이 풍성하게 등장한다. 때로 상상에서 지어낸 캐릭터도 있지만 대부분 리얼리티가 선명하다. 나림에게는 모든 여성은 아름답다는 믿음이 있었다. 나림은 여성의 장점을 찾아내어 인정해 주고 치켜세워주는 것에 익숙하다.

『소설 알렉산드리아』의 사라 안젤은 나림이 환상했던 헤브라이즘과 헬레니즘의 조화가 극치를 이룬 여성이다. 『관부연락선』의 서경애는 사랑을 가꾸는 것으로 이념의 혹독한 대가를 이겨낸 투사다. 나림이 늘 죄의식을 느끼며 안부가 궁금하다고 공개한 유일한 여성이다. 『허상과 장미』의 민윤숙과 『그해 5월』의 김선은 남성을 압도하는 개념 있는 요부다. 『바람과 구름과 비』의 황봉련은 범접할 수 없는 신기(神氣)와 치명적인 에로티시즘으로 무장한 팜므 파탈이나 목숨을 걸고 대시(Dash)하는 상남자 최천중에게 몸과 맘을 모두 던질 줄도 아는 순정파 여성이다.

나림은 역사에 기록된 여성에 대해서도 관심이 많았고 연구도 많이 했다. 여태후부터 무측천, 마리아 테레지아, 그리고 클레오파트라까지 동서양 12명 여걸의 행적을 추적하고 정리한 대하 풍류담을 써서, 『청사에 얽힌 홍사』라고 제목 붙였다. 청사(靑史)란 역사를 말한다. 아직 종이가 없던 시절 푸른 대나무를 쪼개 말린 죽간에 역사를 기록한 데서 유래한다. 홍사(紅絲)는 붉은 실이다. 역사는 남성과 여성이 각각 실오리 되어 새끼를 꼬아놓은 것이다. 나림은 역사에 남은 여성의 자취를 붉은 색깔 실로 묘사했다. 청사에 얽힌 홍사는 'He-story' 속의 'Her-story'란 뜻이다.

문제는 내가 읽은 1985년 원음사 초판 『청사에 얽힌 홍사』의 한자 표기와 한글 읽기에 잘못된 곳이 꽤 여러 군데란 사실이다. 청 마지막 황제 부의(傅儀)를 전의(傳儀)로 쓰고, 질투심 강한 여성이란 뜻으로 썼을 투녀(妬女)를 적녀로 읽기도 했다. 그런 탓에 홍사도 홍사(紅絲)라고 썼으나 홍사(紅史)의 오기인지 확실치 않다. 둘 다 의미는 통한다. 다만 나림의 서문 행간을 읽으면 홍사(紅絲)가 더 적절할 듯하다.

여태후(241-180 B.C)는 여성으로 권력을 휘두른 중국 역사 최초의 사례다. 그것도 매우 포악한 방법으로다. 나림은 이 대목을 두 가지로 해석한다. 여성도 역사의 중심이란 사실이 하나이고, 포악함도 지배의 한 형태라는 사실이 또 하나의 의미다. 여태후(呂太后)는 "여성의 광기를 중심으로 역사를 해석해도 마르크스의 유물사관에 의한 해석 못지않은 진실이 발견"되리라는 기대를 충족시켜준다.

나림은 천재적 음모가이자 비범한 살인자인 여태후를 극적으로 묘사하려고 사마천 『사기』의 「여후 본기」를 인용한다. 사마천은 여후가 황제가 되지는 못했으나 사실상 황제였음을 인정하고 본기로 기록을 남겼다. 「여후 본기」는 이렇게 시작한다. "여후는 고조가 미천했을 때의 부인인데 뒤에 혜제와 노원태후를 낳았다. 고조가 한왕이 되었을 때 척희를 얻어 총애했다." 스토리텔링이 기막히다. 건달 남편을 황제로 만들었으나 사랑을 빼앗긴 조강지처의 불같은 질투가 선연하다. 잔혹한 성정이 연적 척희를 향하고 있음을 시사한다.

여후는 개국공신 한신을 척살하고 팽월을 주살했으며 척희 아들 조왕도 독살했다. 연적이자 태자 자리를 두고 다투기까지 했던 척희는 상상할 수 있는 온갖 고문을 가한 끝에 '인체(人, 사람 돼지)'를 만들어 변소에 던졌다. 인약(仁弱)한 혜제는 그 모습을 보고 실성하여 정무를 포기하고 헤매다 요절했다. 여태후는 고조 사후 황태후와 태황태후가 되어 14년 동안 공포정치의 한 전형을 구사했다.

여태후가 악녀이기만 했으면 굳이 나림이 'Her-story'를 쓰지 않앉을 것이다. 사마천의 기록은 이렇다. "여후가 천자의 직권을 대행하는 동안 천하는 평안했다. 범죄는 줄었고, 형벌은 적게 했다. 백성은 전란의 고통 없이 농사에만 전념하여 먹고 마시는 게 풍족해졌다." 천지는 지배자만의 것은 아니다. 지배 계층에선 유 씨의 세상이 여 씨의 세상으로 바뀌느라 살벌했고 요란했다. 정적은 제거했고 수단 방법 가리지 않고 권력을 확장했다. 하지만 민생이 안정되고 넉넉해졌다면 여태후의 치세는 달리 평가받을 만하다. 여태후는 공적으로만 보면 상당한 정치가다.

여태후는 남편의 나라 만들기 작업에 정치적 파트너였다. 탁발한 식견에 강인한 성정의 여후는 안으로는 건달기에 세월아 네월아 놀기 좋아하는 남편의 자존심과 호승심을 부추기고 밖으로는 전설 같은 서사를 계속 생산해 후광효과를 구축했다. 초한대전을 벌인 항우에 비해 신분, 무력, 개인 매력 등 뭐 하나 더 나은 게 없는 유방에게 유일한 발판이 부인 여치와 처가였다. 유방이 사지(死地) 홍문연에서 탈출할 시간을 벌어준 맹장 번쾌가 여후의 동생 남편이다. 칼춤이 난무하는 치명적 분위기에서 연회에 난입하여 역발산기개세의 항우마저 꿈쩍 놀라게 만든 기세의 사나이가 여후의 매제였다. 홍문연이 항우의 책사 범증의 구상대로 진행되었더라면 유방은 없다. 여후는 가히 한(漢)의 공동 창립자라 할만했다.

건국 후 유방이 차마 어쩌지 못하는 한신 등 개국공신을 술수로 처리하는 악역도 기꺼이 수행했다. 공은 태산인데, 남편은 젊고 애교 있는 척희에 빠졌다. 거기에 더해 자기 아들 대신 척희의 소생을 태자로 세우려고까지 했다. 억센 기질의 여태후는 후계 다툼에서도 기어이 이기고, 남편이 죽자 4일이나 알리지 않은 채 차기 구상에 몰두했다. 처음 몇 년은 수렴청정, 다음엔 아예 황제 대행으로 천하를 호령했다. 나림은 "여태후가 불행했다"라고 결론 짓는다.

클레오파트라(69-30 B.C)는 재색을 겸비한 권력자였다. 나림은 "교양과 용자(容姿)가 상승작용을 통해 개성 있는 아름다움을 획득한 미녀로, 숭앙을 받을만한 여성"이라고 상찬했다. 여성에게는 누구나 클레오파트라의 피와 정열이 흐르고 있으니, 세상에 여성이 존재하는 한 클레오파트라는 불멸이라고도 했다.

나림은 클레오파트라를 이야기하며 먼저 카이사르를 언급한다. 나림은 "카이사르는 실력으로 황제가 될 수 있다면 이런 정도는 되어야 한다는 표준을 보여준 인물로 역사상 그처럼 매력 있는 사람 찾기 힘들다"라고 극찬했다. 전면의 적을 쳐부수는 데는 용감한 명장이었고 후면의 적을 요리하는 데는 치밀한 정략가였다. 그런 카이사르를 더 높은 차원으로 끌어 올려 준 인물이 클레오파트라다. 전승 이상의 영광, 권력 이상의 강함, 부와 명예 이상의 존귀함이란 새로운 지평을 열어 주었다. 4백 척 웅장하고 화려한 선단으로 나일강을 함께 소항(遡航) 하며 동방 세계를 합친 대로마제국을 구상하고 제왕을 꿈꾸게 한 것이다.

나림은 클레오파트라의 인품과 헬레니즘적 청량 고상한 인생관이 로마 무인의 자질을 높여준 것이라고 해석했다. 의기투합한 두 사람은 동지이며 애인이었다. 나중엔 클레오파트라의 카이사르에 대한 사랑에 모성애적 자정(慈情)이 더해졌다. 나림은 "여자가 쏟는 남자에 대한 사랑의 완벽한 형태는 사랑이 모성애적 색채를 띠게 됨으로 성립된다"라고 했다.

카이사르 사후 클레오파트라는 아들 카이사리온을 지키기 위해 안토니우스를 품는다. 안토니우스가 용감하지만 침착하지 못하고 카이사르와는 비교할 수 없는 무부(武夫)임을 알면서도 비위를 맞춰준다. 두 사람의 애증은 안토니우스의 자결로 끝난다. 승자 옥타비아누스에게 엎드려 탄원했으나 묵살 되자 무화과 바구니에 든 검은 뱀에 스스로 물린다.

나림은 클레오파트라의 실패는 너무 서둘렀기 때문이라고 했다. 당시 이집트는 클레오파트라가 그 어떤 정략을 모색해도 결국 팽창하는 로마에 망하게 되어 있었다. 다만 정치적으로는 실패했으나 여성으로서는 승리했다고 평가했다. 위대한 카이사르와 사랑했고, 남김없이 정열을 불태웠으며, 역사상 가장 매력적인 여성이란 명성을 얻었기 때문이다

나림은 '맹렬한 여성'과 '정열의 여성'을 구분했다. 맹렬 여성은 사랑 이외의 무엇을 추구하는 악착같은 여성이다. 이를테면 돈, 명

예, 권력에 집착이 강한 여성을 말한다. 의지의 방향에 따라 선악이 원색적으로 드러나기도 한다. 정열 여성은 돈과 권력을 추구하다가도 결국은 사랑을 선택하고 사랑을 위해서는 순사(殉死)도 불사하는 여성을 말한다.

나림은 정열 여성의 표본으로 영화 〈모로코〉의 마를레네 디트리히를 꼽았다. 사막으로 떠나는 외인부대 병사 게리 쿠퍼와의 사랑을 위해 파리의 화려한 하이힐을 벗어 던지고 모래밭을 따라나서는 라스트 씬은 정열이 무엇인지 행복이 뭔지를 보여주는 극적 장면이다.

나림은 클레오파트라를 정열 여성의 최초 표본으로 여겼다. 나림의 분류에 따르면 여태후는 맹렬 여성의 필두다.

이병주의 종교 이야기
『백로 선생』

 나림 이병주는 "언젠가 짬이 있으면 장자와 도스토옙스키, 마르크스, 사르트르를 한자리에 청해 놓고 플라톤의 『향연』 같은 향연을 베풀어 볼 작정이다."라고 호언했다. 배포나 역량으로 그런 향연을 베풀 수 있는 작가는 나림밖에 없다. 그리고 부분적이나마 그런 맥락의 작업을 꾸준히 했다. 중편 소설 『백로 선생』도 그 일환이다. 『백로 선생』엔 도스토옙스키와 마르크스가 등장하고, 폴 발레리와 앙드레 지드도 언급된다. 거기에 더해 불교 이야기가 이어진다.
 나림의 불교 이야기는 역사소설에서 상세하다. 『정몽주』에서 동방 이학(理學)의 시조 정몽주는 유불(儒佛)을 이렇게 해설한다. "예교는 삼강오륜을 밝혀 수신제가하고 치국하는 이법을 가르칠 뿐 생로병사 하는 인생의 허망함을 위무하는 법은 아니다. 예교는 분별

하는 지견(知見)으로 군자의 학문이지 서민의 학문이 아니다. 불설은 사해동포를 설하며, 분별보다 화합을 염원한다. 화합 없이 어찌 평천하가 이루어지겠는가. 윤리로선 예교를 지키고, 운명 속에 있는 사람으로선 불설을 숭상한다."

맹렬한 척불을 주장하는 제자들에게 포은은 꼭 외유내불(外儒內佛)이 아니더라도 스스로 자기 길을 좁히려 들지 말고 길을 넓혀 대도를 활달하게 걸으라고 조언한다. 조정에서 훼불(毁佛) 논의가 엄중해 절에도 못 갈까 염려하는 노파에게 포은은 불도의 묘미는 "만상견불(萬象見佛), 도처위사(到處爲寺), 화아성불(化我成佛)."이라고도 한다. 어디서든 부처를 만날 수 있고 곳곳이 절이니, 성불은 공간이 아닌 마음에 달렸다는 뜻이다.

나림의 불가와 얽힌 일화는 많다. 「8월의 사상」의 에피소드가 특히 재미있다. 나림은 여러 차례 '단연코' 술을 끊기로 결심했다. 1년 365일 불무주일(不無酒日)의 습관을 정리하려 양주의 어느 산사를 찾았다. 주지가 나림을 알아보고 계곡으로 청하여 곡차라며 술을 권했다. 눈물을 글썽이며 들려주는 중국에서의 고난과 감격 체험담에 공감하며 나림은 주지에게 곡차를 권하고 주지는 나림에게 술을 권했다.

이튿날 숙취의 고통을 호소했더니 주지의 대답이 과연 법문 이상이었다. 숙취를 낫게 하려면 어제 마셨던 주량의 배를 마신다는 것이다. 그다음은 하고 물었더니 또 그 배 이상을 마신다는 것이다. 그다음의 숙취는 어떻게 하느냐는 질문에 "사람의 몸은 견디는 한도가 있으니 걱정 말라"는 답이다. "불가의 말로는 열반이라고 하지요"하는 대목에서 아연하여 스님은 숙취로 고생하신 일 없냐고 하니 곡차는 마셔도 술은 마시지 않으니 괜찮다고 한다. 그런 문답을 주고받는 동안 이상하게 숙취가 사그라들었다는 나림의 경험담이다.

백로 선생은 신통력을 지닌 승려다. '금강산 지장암 스님'으로 이름이 난 그는 원주 치악산 상원사에 머물며 경찰에 쫓기는 청년들을 숨겨준다. 특히 한 동굴에 세 젊은이를 함께 살린다. 지나치게 독실한 크리스천, 경직된 마르크시스트, 오직 자신의 앞날과 문학에만 몰두하고 있는 학병 거부자가 각자의 세계에 빠져 동굴 생활을 한다. 그 동굴은 여말선초(麗末鮮初)의 은사(隱士) 운곡 원천석이 기거하던 곳이다. 이방원이 소싯적 가르침을 받았던 스승을 찾아 임금이 된 뒤 출사를 권유하러 직접 왔으나 원천석은 아예 만남을 사절하고 숨었다.

산은 소극적으로는 사회적 관계에서 벗어나는 곳이지만 적극적으로는 저항의 거점이 되기도 하다. 산은 크게 육산(肉山)과 골산(骨山)으로 나눌 수 있다. 지리산이 대표적인 육산, 즉 흙이 많은 산이고, 금강산이 대표적인 골산, 즉 바위산이다.

지리산은 3개 도에 걸쳐 있는 제주도만 한 크기의 거산이다. 지리산 빨치산의 활동이 정점이던 시절엔 쫓고 쫓기는 빨치산과 군경 5만 명이 하룻밤에 이 산등성이 저 골짜기를 숨바꼭질하며 뛰어다닐 만큼 큰 산이다. 나림의 고향이 지리산 자락 하동 북천이다. 『지리산』엔 지리산이 왜 영산이고 왜 그렇게 많은 은사(隱士)가 은거할 수 있는지 하는 해설이 있다.

골산은 골산대로 은신할 곳이 많다. 바위산 또는 바위 동굴은 불을 뜻한다. 뜨겁고 무섭다. 어지간한 사람은 바위 근처에 가면 그 기운에 눌려 다치기 쉽다. 수행자나 일부러 바위에 집을 짓고 애써 담금질한다. 기세가 강한 뜨거운 사람만이 견디는 게 바위 동굴이다. 원천석만큼의 자질과 기세가 없는 청년들이 거기서 합거(合居)하니 수양 정진은 없고 그저 허구한 날 다툼뿐이다. 백로 선생은 자기 세계에만 갇혀 앙앙불락하는 덜떨어진 청년들에게 눈높이 훈도를 한다.

불세출의 도인 백로 선생은 소설 속에선 백광욱, 실명 백성욱(1897-1981)이다. 유불선에 두루 통하고, 동서고금 문사철을 망라한 대재다. 13세에 출가하여 불교중앙학림에서 수학하고, 3.1 운동 후 상해임시정부에 참여했다. 프랑스와 독일에 유학하여 한국 최초로 독일 철학박사가 되었다. 제자 500명과 금강산에서 8년 회중 수도했다. 내무장관을 잠시 한 후 동국대 총장을 역임했다. 이판과 사판 모두에서 빛나는 성취로 활불(活佛)로 추앙받았다. 『백로 선생』은 백성욱의 한 일화다. 나림은 당대 백성욱과 쌍벽을 이루던 김법린, 그리고 승려 제헌의원 최범술과도 인연이 깊다. 『산하』에 장관 시절 백성욱을 만난 이종문이 "전쟁 나는 것도 못 맞추는 땡 도사"라고 혼내는 대목이 있다.

나림은 불교도다. 나림은 감옥살이를 "타고 남은 재가 다시 기름이 됩니다"를 외우며 견뎠다. 한용운의 '알 수 없어요'의 끝 대목이다. 만사 순환하고 생사 윤회한다는 불교사상이 응축된 시다. 나림은 만해의 불교적 변증법에 의지하고 거기에 유폐된 황제의 환각을 더해 영어(囹圄)의 고통을 감내했다. 출옥 후 선덕화(善德華)란 법명의 모친을 전국 명산 고찰에 모시고 다녔고, 칠순 팔순 잔치도 대찰에서 성대하게 열어 드렸다. '나의 문학과 불교'란 주제의 강의도 했다.

나림의 불교 강연은 "불교는 종교 이전에 철학이다. 기독교는 신앙이 핵심이지만 불교는 대오일번(大悟一番) 즉 깨달음을 위한 수도 수행이 핵심이다. 성불은 깨달은 사람이 된다는 뜻이다."로 시작하여, 불교 경전을 문학 텍스트로 파악해 본다는 이야기로 이어진다. 팔만대장경은 최고의 문학이지만 문학이라고 부르지 않는 이유는 워낙 큰 가르침이기 때문이다. 다만 부처의 큰 가르침 반야지(般若智)와 문학 세간지(世間智)는 상호작용을 한다. 나림의 결론은 불교의 견지로 작금의 철학과 과학을 비판하고 반사(反思 Rethinking))해

보는 것이다.

나림은 종교에 열려있었다. 평생 시모를 따라 불교를 신봉했던 부인이 세례명 테레사를 얻어도 개의하지 않았다. 외우(畏友) 박희영을 통해 가톨릭에 관심 가지기 시작해『소설 김대건』을 쓰기도 했다. 박희영의 기구한 사연과 천주교인이 되어 동료 신도들 염(殮)하는 봉사로 길지 않은 후반생을 지낸 이야기는 단편「중랑교」에 절절하다. 모쪼록 사람은 무언가를 믿어야 한다는 신념이 뚜렷했다. "절처불능시(絶處不能詩)"다. 애상과 원한이 극에 달한 절처, 언어도(言語道)가 단(斷)한 대목에선 필설이 아닌 위안과 의지처가 필요한 것이다.

나림은 여러 종교에 조예가 깊었다.『소설 이용구』와『바람과 구름과 비』에는 나림의 동학 관심과 이해가 깊다.『행복어 사전』엔 섭리의 본체로 옥황상제를 신앙하는 상제교를 등장시킨다. 섭리라도 믿지 않으면 원한은 어떻게 풀며 삶의 허망함은 또 어떻게 감당하느냐는 교주의 진심을 나림은 긍정한다. 도스토옙스키의『카라마조프가 형제들』해설은 나림이 기독교에 얼마나 정통한 지를 보여준다. 특히「대심문관」대목의 해설은 기독교 사상과 교회의 본질을 꿰뚫고 있다.

나림은 불제자가 되려고 해인사로 출가한 적이 있다. 경허와 만공을 잇는 고승 고봉을 만나 배웠다. 고봉은 허망과 통분에 찬 나림의 머리 깎기를 유예했다. 독자로선 천만다행이다. 나림이 서른에 출가했더라면 스승과 백로 선생을 능가하는 학승이 되고, 활불로 존숭받았을지 모른다. 하지만 '가지 않은 길'이다. 하마터면 대문호의 걸작들을 읽지 못할뻔했다.

에필로그

이병주를 위한 변명

나림 이병주의 대표작 『지리산』을 네 번 정독했다. 읽을수록 점입가경이다. 10대, 20대 때 읽었던 느낌과 40대의 독감(讀感), 그리고 60대에 읽은 소회가 다 다르다. 매번 배우고 또 배운다. 『지리산』은 이른바 학병 3부작의 두 번째 작품이다. 첫 작품 『관부연락선』은 10대에 읽기 시작해 이 연재를 쓰기 위해 다시 읽기까지 대여섯 번 정독했다. 학병 3부작의 마지막 『별이 차가운 밤이면』도 최근 문화 강좌를 준비하며 다시 읽어 네 번 클로즈 리딩했다. 서평을 쓰려면 그 작품을 최소 세 번은 읽어야 하는 게 평론계의 기본 예모(禮貌)라고 들었다. 문학도 평론도 제대로 모르는 나는 서평은 언감생심, 독후감 한 줄 쓰기가 머리카락에 홈을 파듯 버거운 일이다. 다만 나림을 공부하는 학도로서 진지하게 성의를 다하고 싶은 따름이다.

나림학도로서 고민하는 대목이 하나 있다. 강호의 나림 마니아 제현(諸賢)께 묻고 싶고 함께 토론하고 싶다.

『지리산』, 이 기막힌 소설의 작가 나림 이병주는 왜 충분한 평가를 받지 못할까. 나림은 이 소설 하나만으로도 위대한 작가인데 왜 응분의 대우를 받지 못하고 있을까. 어디『지리산』뿐인가. 한국 문단의 왜소함을 한순간에 분쇄한『소설 알렉산드리아』는 어떻고, 해방정국과 이승만 대통령 시대 12년을 망라한 정치학 교과서 같은 『산하』는 또 어떤가.『마술사』,『쥘부채』,『그 테러리스트를 위한 만사』등 슬프고 아름다운 중단편은 더 말할 나위도 없다.『장자에게 길을 묻다』는 장자의 상상력에 나림의 상상력을 더한 기막힌 사상소설이다. 1970년대 서울 풍물지를 농담처럼 그린『행복어 사전』과 망국과 건국의 대하드라마『바람과 구름과 비』는 인문 사회과학 텍스트다. 개인사와 시대사를 천의무봉으로 엮은 그 작품들은 이야기의 힘 즉 소설의 진가를 보여주는 명품이다. 나림은 대문호다.

대문호 나림이 정당한 평가를 받지 못하는 이유는 작가 내적 요인과 작가 외적 요인이 다 있다. 두 요인은 유기적으로 연결되어 있으니 사실 작가 평가에 내적 외적 구분이 있을까 싶기도 하지만, 다섯 가지로 정리해 본다.

첫째, 나림은 외류(外流)다. 외류란 주류도 아니고 비주류도 아니라는 뜻이다. 주류는 문자 그대로 중심인물이다. 번듯한 출신배경과 명문의 학벌로 어려서부터 특권의식과 소명감이 분명하다. 늘 앞장서고 가운데에 위치하며 자연스레 스포트라이트를 받아 무리의 리더가 된다. 주류는 세상을 지키는 부류다. 비주류는 능력과 개성만으로 버티는 부류다. 주류가 18 권법과 36 초식 등 정통 매뉴얼을 단단하게 익힌 정통파라면, 비주류는 독특한 내공을 지닌 유니크 개성파다. 비주류는 세상을 바꾼다. 외류는 주류도 아니고 비주류도 아닌 자유인이다. 외류는 내 멋대로 사는 부류이며 자기 기준대로 사는 유형이다. 그 자유로움 때문에 사람의 크기와 넓이가 넉넉하다. 공자와 장자 같은 정신적 거인이 바로 외류적 인물이다. 나림이 사숙했던 사마천과 루쉰도 외류이고, 시선 이태백도 물론 외류다. 절세 미녀가 외롭듯, 품이 너른 자유인도 외롭다.

나림은 1970-80년대 청년과 지식인들에게 지적 자극과 소설 읽는 재미를 준 희대의 작가다. 당시 독서 세대 중 나림의 작품을 많이 읽은 독자와 적게 읽은 독자의 차이는 있었으나 적어도 내 주변에 아예 읽지 않은 사람은 없었다. 그러나 창작 문단에선 주류도 아니었고 비주류도 아니었다. 작가나 평론가는 나림을 외면했다. 남재희는 나림의 발인 때 갔더니 조사(弔辭)할 문인이 없어 자신이 얼떨결에 조사를 했다고 회고했다. 나림은 작가의 무리에 끼워주기엔 그릇이 너무 컸고, 등단 과정을 거치지 않은 작법이나 문법은 이른바 순수문학과는 거리가 있었다. 문학에 순수 비순수의 차이가 무엇인지 모르겠으나, 아마 대중소설이나 통속소설과 구분하고 싶었을 것이다. 금기와 엄숙주의를 단박 깨뜨려버린 나림의 글쓰기는 문단에 도전이었을 수 있다. 다만 독자로서는 작품의 완성도만 보고 판단하고 싶다. 과연 나림의 삶과 글은 거침없었고 드라마틱했으며 자유분방했다. 나림은 한마디로 외류였다. 진정한 진보는 아웃사이더다.

둘째, 나림은 정을 중시하고 의리를 지켰으며 타인의 시선을 의식하지 않고 인연을 대했다. 언론인 시절 신세 졌던 회사를 위해 "쪽팔린다"라는 주위의 우려에도 아랑곳하지 않고 장생 오가피주 TV 광고에 출연하기도 했다. 콧수염 기른 중년의 나림이 불콰하여 술병을 들고 있던 장면이 기억난다. 나림의 인적 네트워크는 문자 그대로 '청와대 주인부터 서울역 지게꾼까지' 깊고 넓었다. 선배를 잘 모셨고 친구에게 베풀었으며 후배와 제자에게 너그러웠다. 정치적 입장으로 사람을 가르지 않았고, 유불리를 따져 인간관계를 맺지 않았다. 명백한 불리를 감수하고도 인간적 도리를 지키다 손실을 보거나 오해를 산 경우가 많다. 힘 떨어진 독재자가 도움을 요청하면 눈치 보지 않고 도와주기도 했다. 그 과정에 적지 않은 사람들이 나림을 경원하고 떠났다.

셋째, 나림은 그 당시의 AI(인공지능)였다.『지리산』박태영의 성향과 관련 막심 고리키를 등장시키고, 사상적 고뇌 과정엔 마르크스 저술과 앙드레 지드의『소련 기행』을, 최후 대목에선 시인 로르카의 유언을 인용한다.『별이 차가운 밤이면』의 박달세가 노예 의

식에서 벗어나려 애쓰는 대목에선 프레데릭 더글러스의 『어느 미국 노예의 얘기』를 소개한다. 그의 한국인, 일본인, 중국인으로 사는 이중 삼중 인생을 해명하기 위해 일본인 중국 배우 리샹란(李香蘭 야마구치 요시코)과 비견하기도 한다. 『바람과 구름과 비』의 최천중과 그 친우들을 위해선 시간과 공간에 꼭 맞는 한시를 뽑아낸다. 『행복어 사전』 서재필의 지적 좌충우돌에는 셰익스피어, 니체, 오스카 와일드가 등장한다. 『장자에게 길을 묻다』에선 맹자와 장자를 단 위에 올려놓고 도덕과 자유란 주제의 대토론회를 개최하기도 한다.

아직 개인용 컴퓨터나 챗GPT가 없던 시절, 나림은 '넘사벽'이었다. 김윤식은 "근현대 문학에서 딱 한 작가만 꼽으라면 이병주다"라고 극찬했다. 정운영은 "야코 죽었다"라고 했고, 송호근은 "문사철에 사회과학까지 더한 비교할 대상이 없는 대작가"라고 상찬했다. 다만 이렇게 칭찬하는 문사보다는 시샘하고 비방하고 폄훼하는 부류가 더 많다는 게 현실이다.

넷째, 나림이 전적으로 책임져야 할 태작(駄作) 문제가 있다. 88권 소설 중 적어도 10권은 나림의 작품인가 의구심이 들 정도로 형편없다. 워낙 다작에 태작들이 섞이면서 한때 비서가 대필한다는 소문이 나기도 했다. 나림은 "프로페셔널 작가는 무슨 글이든 써야 하고 쓸 수 있어야 한다."라고 했다. 스스로 "주문 생산자"라고도 했다. 이런저런 인연의 글 빚을 갚느라, 그리고 체면 유지와 여러 가정을 부양하기 위해서, 했던 이야기를 또 하고 질 떨어지는 작품을 일필휘지로 써내기도 했다. 퇴고를 거듭하는 과작(寡作)의 작가라면 질겁할 일을 나림은 태연히 해온 것이다.

다섯째, 나림은 무리 짓거나 문권(文權)을 행사하지 않았다. 이른바 '나림 사단'이라고 해서 언론인 시절 동료와 감방 동기들과 자주 어울렸지만, 문단에서 졸개(?)를 키우지는 않았다. 여러 문학상 심사 위원으로 많은 문인에게 수상 기회를 주었지만, 티 내지 않았고 하물며 줄을 세우는 일은 더욱 없었다. 배타성 강한 문단에서 굳이 자기 편을 만들지 않았다. 대학과 문단에 뿌리가 없는 작가다. 요산 김정한의 경우 '지역구'임에도 제자들이 스승의 성취를 활발하게 선양하고 있다. 범어사역 앞에 요산의 글들이 전시되어 있고, 요산 길도 조성되어 있다. '전국구' 나아가 글로벌 작가인 나림 읽기와 연구도 지금보다 훨씬 활발해져야 한다. 몇 편의 박사 석사 학위 논문으론 여전히 아쉽다. 『예낭 풍물지』의 공간 자갈치에 나림의 아포리즘을 새긴 비석과 흉상이 세워지길 기대한다.

나림은 아끼는 친구들을 위한 의분(義憤)으로 『지리산』을 썼다. 허망하게 이국에서 고혼이 된 친구를 위해 『마술사』란 만사도 썼다. "기막힌 재능과 품성을 갖고도 누항 묻혀 스러진" 노혁명가를 위해 『그 테러리스트를 위한 만사』란 명품을 만들어 냈다.

나는 그 작품들을 읽고 또 읽으며 작가 이병주를 위한 의분을 느꼈다. 나림이 즐겨 쓰던 표현 "천망회회 소이불실(天網恢恢 疏而不

失)"대로 섭리는 성긴 것 같아도 결국 빠뜨리지 않고 작동한다. 나림이 감당해야 할 섭리는 그대로 감당해야겠지만 인정 또는 오지랖 그리고 자유분방함과 실수 때문에 그 당당한 성취조차 정당하게 인정받지 못해선 안 된다는 생각이다.

 나는 나림에게 성자나 위인을 바라지 않는다. 그의 너른 품과 따뜻한 인간미 그리고 기막힌 작품이 그 자체로 평가받기를 바랄 뿐이다. 나림을 위한 변명 한마디 했다.